NEUES SPIEL, NEUES GLÜCK

Inhalt

Fetz. Krach. Bumm!

ICH hatte die Nase voll davon, immer nur getreten und ausgelacht zu werden. Es liegt nämlich stets an mir, wenn ein Spieler nicht das Tor trifft. Ist's aber ein Tor, dann war es der Torschütze. Ist es keines, lag's an mir. Motto: BALL gleich doof. Unverschämt ist das.

Selbst die Reporter reden so. Beispiele gefällig?
Bitte: „*DAS DING* anzunehmen ist aber auch schwierig."
Oder: „*DIE PILLE* ist echt glitschig heute."
Oder: „*DAS EI* kullert nur."
Oder: „*DAS LEDER* macht, was es will."

So eine Frechheit. Mir solche Namen zu geben! ICH war stinkesauer. Na gut, mit dem letzten Spruch hatte der Reporter nicht ganz unrecht. Ab jetzt machte ICH wirklich, wwas ich wollte.

ICH wollte gern mal wieder mit Kindern spielen. Die sind nämlich diejenigen, die mich verstehen können. Kinder spielen! Und genau dafür wurde ICH erfunden. Zum Spielen und dazu, Menschen in Bewegung zu bringen.

Meine Sprache ist BALLISCH. Und die Sprache können nur Kinder verstehen.

Wie zum Beispiel Mia und Maxi. Die beiden wirst du im Buch kennenlernen.

Du wirst aber auch viele bekannte Namen lesen. Und glaub' mir, alle diese Menschen habe ICH tatsächlich getroffen. Zum Beispiel: Ronaldo. Jürgen Klopp. Messi. Mbappé. Die englische Queen. Um nur einige zu nennen.

Die sind alle meine Freunde, und sie verehren mich, den BALL, und mein Können. Und Können, das kannst du mir glauben, Können kann ICH. Wenn ICH will!

Nun aber der Reihe nach. ICH war ja schließlich eben erst wieder in einem neuen Abenteuer angekommen. In einem Gebüsch in Frankfurt. Und noch etwas müde. Aber ICH wollte heute unbedingt noch die Kinder kennenlernen, die mich verstehen und mich lieb haben – so wie ICH nun mal bin.

Vorerst lag ICH jedoch hinter einem Busch in Frankfurt am Main und erholte mich von dem langen Flug.

Aber dazu später mehr! Plötzlich hörte ICH laute Stimmen. Von Kindern. Und typische Rufe wie beim Fußballspielen. Da vorn musste irgendwo Fußball gespielt werden. Vielleicht gab es um die Ecke einen Bolzplatz.

ICH hatte ja jede Zeit der Welt und wartete gespannt.

Das Spiel beginnt

„Das Spiel beginnt!", rief uns der Trainer zu. Und: „Auf geht's. Gewinnt!" Na gut, dafür spielen wir ja Fußball. Wir wollen gewinnen. Verlieren ist was für die Gegner.

Ich bin die Torfrau unserer Mannschaft. Wir spielen in der D-Jugend, sind alle zwischen zehn und elf Jahre alt. Ich werde alles halten, was da auf mein Tor zukommt. Das ist ja schließlich meine Aufgabe als Torfrau. Das bin ich meinem Team schuldig. Und meinem kleinen Bruder Maxi. Der bewundert mich nämlich sehr und will auch mal so gut Fußball spielen.

Ach so, ich heiße Mia, das habe ich ja noch gar nicht gesagt, und ich bin zehn Jahre alt. Papa meint, ich bin „das Beste", was ihm je passiert ist. Das sagt er bei jeder Gelegenheit zu seinen Freunden. Papa heißt Ron und er ist Fußballfan wie ich. Er kommt eigentlich aus England, das heißt, seine Familie stammt von dort. Oma und Opa, also seine Eltern. Die leben noch da. Der Englandopa wurde in Indien geboren. Deshalb haben Papa Ron und mein kleiner Bruder Maxi auch so schöne hellbraune Haut. Weil ich schneeweiße Haut habe, wie Mama, denken die Leute manchmal, dass wir gar keine Geschwister sind. Dann müssen wir lachen.

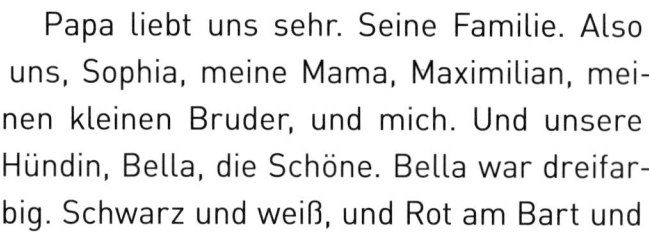

Papa liebt uns sehr. Seine Familie. Also uns, Sophia, meine Mama, Maximilian, meinen kleinen Bruder, und mich. Und unsere Hündin, Bella, die Schöne. Bella war dreifarbig. Schwarz und weiß, und Rot am Bart und Popo. Bella gehört auch zu unserer Familie. Somit sind wir zu fünft. Wir leben mitten in Deutschland, in Frankfurt am Main. Die Stadt wird auch „das Herz von Europa" genannt. Das finden meine Eltern und deren Freunde cool. Ich weiß gar nicht, ob Europa ein Herz hat. Ich denke, die Menschen haben Herzen und wenn die richtig schlagen, schlagen sie auch für Europa. Aber das ist ein Spielfeld, mindestens so groß wie ein Fußballplatz. Oder größer.

Mama und Papa arbeiten beide in einer großen europäischen Bank. Mitten im Herzen von Frankfurt. Wir haben eine Wohnung in der Luft, fast im Himmel. Na ja, nicht ganz. Aber so in 20 Metern Höhe im neuen Turmhochhaus. Ein echter Wolkenkratzer. Aus den Fenstern können wir in alle vier Himmelsrichtungen schauen. Und wenn es kalt wird, haben wir eine Fußbodenheizung und den offenen Kamin. Ganz oben in dem Haus ist ein Sportstudio mit Schwimmbad. Da gehen wir manchmal alle zusammen hin! Mama verschwindet dann in der Sauna und Papa spielt mit mir und Maxi im Wasser.

Mama mag eigentlich keinen Fußball. Sie liest lieber spannende Bücher. Nur wenn Italien spielt, schaut sie Fußball im Fernsehen mit. In Italien ist sie nämlich geboren. In der Stadt Bologna. Wir waren schon ein paarmal da, denn Oma und Opa leben dort. Der Italienopa besitzt dort eine alte Buchhandlung, wo es viele coole Bücher zum Schmökern gibt, und Oma ein kleines Restaurant, wo es superlecker Nudeln gibt. Dort gehen wir immer essen. Und anschließend kaufen unsere Eltern uns ein Eis an der Ecke gegenüber.

Papa kommt wie gesagt aus England, aus der Hauptstadt London, und er liebt Fußball. Kein Wunder, sagt er immer, England ist schließlich das „Mutterland des Fußballs". Mein

Mutterland ist Deutschland. Und Fußball gibt es hier auch. Wie überall auf der Welt.

Papa ist froh, dass er in einer Großstadt wie Frankfurt wohnt. Hier leben Menschen aus der ganzen Welt mit viel Respekt gegenüber anderen Menschen, und es gibt viele englische und irische Pubs. So wie in Paris. Da haben sich Mama und Papa beim Studium kennengelernt. In diesen Kneipen schaut er sich mit seinen Freunden oft Spiele an. Dann sprechen sie englisch miteinander. Ich war schon ein paarmal mit, aber ihr Herumbrüllen, wenn ein Tor fällt, ist mir zu laut. Außerdem haben sie andere Lieblingsvereine als ich. Ich gehe mit meinem kleinen Bruder Maxi in die Mühlbergschule. Maxi ist in der zweiten Klasse und ich in der vierten. Morgens um 7:30 Uhr können wir da mit der Straßenbahn, Linie 16 oder 17, hinfahren. Ist nicht weit, nur vier Haltestellen. Aber die haben lustige Namen wie „Lokalbahnhof", „Seehofweg", „Mühlberg" und „Lettigkautweg". Darüber lachen wir uns immer halb tot.

Auf der Mühlbergschule lernen wir auch in italienischer Sprache. Das nennt sich bilingual. Somit sprechen wir perfekt Englisch, das reden Papa und Mama auch oft mit uns, und Italienisch, das spricht Mama gern mit uns, und natürlich Deutsch. Maxi und ich sind ja schließlich in Frankfurt geboren, also Deutschländer. Aber eigentlich sind wir echte Sachsenhäuser! So heißt nämlich unser Stadtteil, und den kennt jeder in Frankfurt.

In Sachsenhausen spielen wir auch Fußball. Maxi ist acht und noch in der F-Jugend. Ist schon schade, dass wir nächstes Jahr getrennt werden. Mädchen und Jungs dürfen nämlich nur bis zur D-Jugend zusammen in einer Mannschaft spielen, dann werden die Geschlechter getrennt. Hanna ist Stürmerin bei uns und ich bin wie gesagt Torfrau. Maxi ist in seiner Mannschaft im Mittelfeld unterwegs.

Er kann ziemlich schnell flitzen und gut flanken.

Aber zurück zu unserem Spiel. Das wurde gleich angepfiffen und es würde schwer werden, denn die anderen waren gut.

„Soooo schwer wird es nicht!", rief ich meiner großen Schwester noch zu. Ich wollte ihr etwas Mut machen und schrie ihr beim Einlaufen aufs Feld hinterher: „Fang einfach den Ball, so wie Bella das macht, oder fauste ihn weg!"

Ich heiße Maximilian und bin der kleine Bruder von Mia. Klar, da gibt

es noch Papa und den Trainer und so, aber ich bin ihr größter Fan und Berater. Reaktion und Schnelligkeit trainieren wir beide mit unserer Hündin Bella! Sie ist erst fünf Jahre alt und sie liebt es, mit dem Ball zu spielen. Und sie hat viele Bälle, große und kleine.

Meine Mannschaft, die F-Jugend, hat immer am Samstag ihre Spiele. Das ist cool, denn die D- und C-Jugend spielen immer sonntags vor der Ersten Mannschaft. So kann ich fast immer bei den Spielen meiner Schwester Mia in der D-Jugend dabei sein und sie anfeuern. Oft kommt auch mein bester Freund Junis mit. Er wohnt in unserer Straße und wir machen fast alles zusammen. Klar, nach den Hausaufgaben. Obwohl wir die manchmal auch zusammen machen. Vor allem Mathe, da sieht er nicht durch. Wir kicken manchmal den ganzen Nachmittag unten auf unserem Bolzplatz bei der alten Henninger-Brauerei. Die Mauern der Fabrik

sind richtig hoch, und weil die leer steht, knallen wir den Ball da so richtig gegen die Wand. Bäng, Zisch. Knall! Aber gut, dazu später mehr. Heute war nur Papa mit. Und Mias Spiel wurde gleich angepfiffen.

Der tödliche Pass

Es war also Sonntag, und wir hatten uns pünktlich um 10 Uhr im Vereinsheim getroffen. Warmmachen war angesagt und die Besprechung über Aufstellung und Taktik mit dem Trainer, Herr Waldmann.

Ich war schon ganz schön nervös, weil es heute gegen den FC Bornheim aus dem Nachbardorf ging. Also eigentlich ist das nur ein anderer Stadtteil, aber früher war das ein Dorf.

Herr Waldmann machte die Ansagen: „Mia ist unsere Nummer 1 im Tor, Stefan die Nummer 2 und Tom die Nummer 3, rechts und links hinten. Ihr verteidigt, was das Zeug hält! Und bitte schlagt die Bälle, wenn sie kommen und ihr vom Gegner angegriffen werdet, gern auch mal ins Aus! Besser natürlich direkt zum Mitspieler neben euch. Aber immer weg vom Tor. Schön über die Außen spielen! Klar?! Leon, du bist als Nummer 6 mit Roberto, die 7, die Spielmacher im Mittelfeld. Ihr zwei lauft vor und zurück. Gebt alles! Ihr könnt beliebig die Seiten wechseln. Sprecht euch ab. Nur passt auf die 8 des Gegners auf. Der ist sauschnell. Hanna, du hast die 11 und läufst dich im Zentrum frei. Auch wenn du gedeckt wirst. Klar?! Einfach freilaufen! So oft es geht. Und Georg, du hast die Nummer 9. Du machst bitte die Tore, so wie wir das geübt haben. Keine Übersteiger und keine anderen Späßchen. Verstanden?! Ball fordern, annehmen, reinballern die Kugel!"

Georg ist der Goalgetter der D-Jugend. Der hat schon so viele Buden gemacht. Sogar mal einen sensationellen Fallrückzieher, direkt vom Elfmeterpunkt. Alle sind ausgerastet, als sie das gesehen haben. Sogar die Spieler und der Trainer der anderen Mannschaft haben da applaudiert. Vielleicht gelang es ihm heute wieder.

„Und eines ist mir noch wichtig", schob der Trainer nach. „Unsere drei Auswechselspieler machen sich das ganze Spiel über warm. Gern auch hinter dem Tor des Gegners.

Das irritiert deren Tormann. Und seid jederzeit einwechselbar! Klar?! So, und nun raus mit euch, noch 'ne Runde um den Platz warmlaufen. Dann geht's los! Auf geht's!"

Herr Waldmann konnte wirklich gut motivieren. Alle stürmten begeistert auf den Platz. Da waren schon die Spieler von der Dorfmannschaft, sie kickten sich ein paar scharfe Bälle zu. Schiedsrichter war heute ein Spieler der Ersten Mannschaft. Es dauerte nicht lange, dann rief er die beiden Mannschaften zum Mittelkreis.

„Hallo", sagte er, „ich bin euer Schiedsrichter. Mein Name ist Peter. Wenn ich hier pfeife, hört ihr darauf, was ich sage! So, und nun wünsche ich ein faires und gutes Spiel, und die bessere Mannschaft soll gewinnen!" Dann griff er seine Pfeife und bat die beiden Spielführer zu sich.

Bei uns war das Leon, unsere Nummer 6, der Spielmacher und Mannschaftskapitän. Wir anderen machten uns weiter warm und liefen auf unsere Positionen in unserer Hälfte. Die gegnerische Mannschaft auch. Dann wurde das Spiel angepfiffen. Die erste Halbzeit lief.

Ich schaute noch mal kurz zu unserem Trainer. Er schien sehr entspannt zu sein, saß auf seiner Bank unter der kleinen Glasüberdachung und lachte mir zu. Eigentlich hatte er recht. Es war ja alles besprochen, und wir wollten gewinnen!

Leon kickte den Ball direkt vom Anstoßpunkt zu Hanna. Der Ball rollte. Hanna spielte seitlich nach links zu Roberto.

Der rannte wie ein wilder Kerl nach vorne und flankte den Ball mit seinem linken Fuß in hohem Bogen auf den Kopf von Georg, der sich in der Mitte prima freigelaufen hatte und schon auf den Ball wartete. Georg stieg hoch und köpfte in Richtung Tor. Aber leider daneben.

Nun hatten die anderen das erste Mal den Ball. Der Tormann legte ihn schnell auf den Abschlagspunkt im Torraum und ballerte ihn mit einem kräftigen Schuss in unsere Spielhälfte. Wow, das war ein weiter Abschlag. Übers ganze Feld, fast bis zu mir. Nicht schlecht.

Ich blieb, wie ich es trainiert hatte, etwas vor der Torlinie stehen. Ich war jetzt ganz ruhig, konzentriert beobachtete ich den Flug des Balls und seinen Lauf, wartete auf die nächsten Spielattacken der „Dörfler".

Stefan und Tom, unsere beiden starken Verteidiger, waren ja vor mir. Und Leon hatte die pfeilschnelle Nummer 8 der Gegner bereits „Mann gegen Mann" im Griff. Das sah gut aus.

So landete der gegnerische Abstoß bei Stefan, der ihn wuchtig zu Hanna köpfte. Die löste sich geschickt von ihrem Gegner, kontrollierte den Ball und stoppte ihn kurz mit ihrer Fußsohle. Sie hob den Kopf, so wie wir es im Training geübt hatten, und suchte den freien Mitspieler. Da war er, Roberto mit der 7. Der forderte den Ball und bekam ihn auch sicher zugespielt, obwohl er von zwei Gegnern angegriffen wurde. Roberte dribbelte den einen eiskalt aus und schlug den Ball dann weit in die gegnerische Hälfte. Zu Georg. Der nahm

den Ball cool mit der Brust an, drehte sich wieselflink mit der Pille am Fuß um ...

„Nicht dribbeln und keine Übersteiger!", brüllte unser Trainer ihn an. „Zieh ab!" Und genau das tat Georg jetzt.

Fetz. Ziiisch. Knall. Der Ball flog, das sah gut aus, und knallte an die Latte des gegnerischen Tores.

„Wow!", schrien einige Zuschauer und klatschten begeistert!

Wow, dachte auch ich. Das wäre phänomenal gewesen – der Führungstreffer gleich in den ersten Minuten.

Ich winkte Stefan und Tom links und rechts vor meinen Torraum. Sie sollten aufpassen. Es würde wieder einen weiten Abschlag geben. Die Nummer 8 des gegnerischen Teams war von Leon gut gedeckt. Eigentlich standen alle richtig, aber es sollte anders kommen. Diesmal rollte der Torwart den Ball mit der Hand zu einem seiner Verteidiger, und der schlug den Ball diagonal ins Mittelfeld zu einem seiner Mitspieler. Dann ging es ganz schnell, ein Steilpass und zwei gegnerische Angreifer hatten unsere Verteidigung überlaufen. Jetzt standen sie einschussbereit vor meinem Tor.

Rums! Es knallte hinter mir. Der Ball war in mein Tornetz geflogen!

„Toooor!", jubelten die Gegner, und deren Trainer rannte sogar ein paar Meter aufs Spielfeld. Der Schiri pfiff sofort und bat den Trainer, wieder auf seiner Bank Platz zu nehmen. Das macht man ja auch nicht als Trainer. Aber gut, er hatte sich gefreut!

Ich allerdings freute mich überhaupt nicht. Es stand 0:1. Mist!

Georg und Hanna führten den Anstoß aus. Das Spiel plätscherte jetzt so dahin, ohne wirkliche Strafraumszenen. Wir kamen nicht in deren Tornähe und die nicht in unsere.

„Nur noch acht Minuten bis zur Halbzeit!", rief unser Trainer. „Passt auf! Die sind schnell, aber wir sind schneller!" Damit sollte er recht behalten.

Roberto konnte sich aus der Manndeckung befreien, lautstark forderte er den Ball. Und den bekam er von Hanna sicher zugespielt. Schnell spielte er den Ball weiter, ein cooler Doppelpass mit Leon, und dann hatte er eine geniale Idee: ein „tödlicher Pass" in den leeren Raum. Auch das hatten wir ständig im Training geübt. Jetzt klappte es im Spiel. In Sekundenschnelle war das Mittelfeld überwunden. Georg dribbelte mit dem Ball weiter zum gegnerischen Tor. Er war unser größter und ältester Spieler. So, und nun kam das, was unser Trainer hasste. Georg machte nicht nur einen, nein, er machte zwei Übersteiger. Wie sein großes Vorbild aus Portugal. Schon war er an der Verteidigung vorbei. Er suchte keinen Mitspieler, sondern knallte die Kugel einfach oben links ins Toreck! Toooor! Was für ein Hammer! Wir jubelten und unser Trainer natürlich auch!

Leider fing es plötzlich stark zu regnen an. Als ob Georg die Himmelspforte angeschossen hätte. Und so beschloss der Schiri, pünktlich zur Halbzeit zu pfeifen. Beim Spielstand von 1:1 ging's in die Pause.

Ich hasse Nässe!

Die zweite Halbzeit des Spiels ist schnell erzählt. Es war ein typischer Herbstsonntagmorgen, es hörte nicht mehr auf zu regnen. Ich glaube, es regnete wohl in der ganzen Stadt Bindfäden oder, wie Papa immer sagt: „It's raining cats and dogs!" Katzen und Hunde.

Ich hatte nicht mehr viel zu tun, ein paar wenige Schüsse kamen noch aufs Tor. Die waren einfach zu halten. Sonst passierte nichts mehr. Anscheinend hatten sich alle mit dem 1:1 abgefunden. Beim Abpfiff waren wir alle pitschnass und freuten uns auf die trockene Kabine und warme Getränke. Und auf das gute Essen, denn das bekamen wir nach jedem Spiel vom Verein geschenkt. Die Gegner übrigens auch. Ist Tradition so. Streit oder böse Blicke konnte es heute sowieso nicht geben. Das Spiel ging unentschieden aus. Keiner hatte verloren. Aber alle hatten Hunger!

„Du warst klasse. Und für das Tor kannst du nichts, das war unhaltbar", gab Maxi mir zum Trost mit auf den Weg in die Kabine. „Ich warte im Vereinsheim, bis du fertig bist", sagte er noch. „Dann essen wir und fahren zusammen heim. Bella wartet bestimmt schon sehnsüchtig auf uns. Okay?", fragte Maxi.

Ich freute mich. Maxi war klasse, ein toller Bruder. Und dass kein Tor mehr fiel, lag ja auch hauptsächlich am Ball und dem glitschigen Rasen, der bei dem Regen viel zu schwer zu bespielen war, dachte ich und verschwand zum Duschen.

Nach dem gemeinsamen Essen, das lustig war und vor allem die hungrigen Mägen gefüllt hatte, auch weil die Spieler des anderen Teams, der Schiri sowie alle Betreuer dabei waren, hatte ich eine Idee. Weil es immer noch regnete, wenn auch nur leicht, wollte ich den Heimweg zur Straßenbahn etwas abkürzen und entschied, mit Maxi durch eine kleine Seitenstraße zur Haltestelle zu laufen. Um da hinzukommen, mussten wir durch Hecken und Büsche, was etwas unheimlich war. Ich mag dunkles Unterholz nicht, dachte ich. Und Maxi sagte: *„Ich hasse Nässe!"* Aber Moment mal, das war doch nicht Maxi ... Die Stimme klang etwas gequetscht. Maxi redet doch ganz anders.

Wer oder was war das?

„Maxi, hast du das auch gehört?", fragte ich meinen kleinen Bruder.

„Ja, deutlich", antwortete der und schien wie ich etwas erschrocken zu sein. Wir fassten uns an den Händen. Gut, ich war die Ältere, ich musste jetzt etwas tun. Also beschloss ich, die Zweige des Busches neben uns zur Seite zu drücken. Denn aus der Richtung kam die Stimme. Was wir dort sahen, vor allem, was wir hörten, verschlug uns die Sprache.

Dort lag ein richtiger schwarz-weißer Fußball.

„EIN BALL!", flüsterte Maxi erfreut und dennoch etwas erschrocken.

„Was schaut ihr denn so komisch, liebe Mia und lieber Maxi?", fragte der Ball.

„Was schaust du denn so komisch", fragte Maxi freundlich zurück. Und beide dachten wir: Häh? Wieso kann der Ball überhaupt sprechen?

„Woher kennst du unsere Namen?", fragte ich und schaute genauso verwundert wie Maxi. „Und wieso kannst du sprechen?"

Maxi hatte sich fest an mich gedrückt. Ihm war mulmig zumute. Mir auch. Aber Angst hatte ich nicht! Nur so ein komisches Gefühl im Magen. Das kam aber nicht vom Essen auf dem Fußballplatz. Das wusste ich.

„Nehmt mich doch einfach mit", bat der Ball, „dann erzähle ich euch meine Geschichte in Ruhe, und vor allem im Trockenen. Ist ja eklig hier in der Nässe. Na ja, und eure Namen, die kennt man doch, ich habe sie gehört, als ihr gespielt habt. Ihr habt doch miteinander geredet. Ach so, und falls ihr meinen Namen wissen wollt, ganz einfach: ICH. BALL."

Dann war er still. Und wir auch. Was sollte man dazu sagen, dachte ich, ein Ball, der sprach und unsere Namen kannte ... und der ganz offensichtlich auch hören konnte, denn er hatte meine Frage verstanden und darauf geantwortet.

Irgendwie tat er mir leid. Er war wirklich nass, sah schmutzig aus und hatte den Busch im Gesicht. Denn er hatte ein Gesicht, das war deutlich zu sehen.

Ich schaute Maxi an und mir war klar, mein Bruder wusste gar nicht, was hier abging. Er guckte einfach nur ungläubig.

„Sollen wir?", fragte ich Maxi. Der nickte nur und wusste nicht, ob er lachen oder weinen sollte.

Also beschlossen wir, den Ball in unsere Sporttasche zu stecken und mitzunehmen. Gesagt hat der Ball dann nix mehr auf dem Weg zur Haltestelle. Er blieb mucksmäuschenstill. Vielleicht war er müde. Aber konnte ein Ball müde sein? Quatsch. Aber ... na ja ... reden konnte ein Ball ja auch nicht. Eigentlich.

Aber vielleicht haben wir uns das nur eingebildet, fragte ich mich, als wir in der Bahn saßen, Maxi und ich. Vielleicht waren wir einfach nur selbst zu müde und kaputt vom Fußball im Regen, sodass unsere Köpfe schon Stimmen hörten.

Eine Gute-Nacht-Geschichte über Ronaldo

„Hallo! Wir sind wieder da!", riefen Mia und Maxi gemeinsam, als sie zur Tür reinstürmten.

Aus der Küche kam keine Antwort. Ihre Eltern hörten so laut Musik, ihre Lieblingsmusik, die Mia und Maxi nicht mochten.

Das war so Jazzmusik!

Bella kam angelaufen und bellte freudig. Die Streicheleinheit der Geschwister für den kleinen Jack Russell Terrier fiel heute nur kurz aus, denn deren Gedanken waren nur bei ihrer neuen Entdeckung aus dem Gebüsch. Im Flur feuerten die beiden ihre Schuhe in die Ecke und rannten so schnell sie konnten die Treppe hoch zu ihren Zimmern. Die lagen direkt nebeneinander. Normalerweise war das Betreten des Zimmers des jeweils anderen ohne Anklopfen strikt verboten. Aber heute waren Mia und Maxi ihre eigenen Regeln völlig egal. Eintritt verboten war gestern.

Sie hatten ja jetzt einen neuen geheimnisvollen Ball. MICH!

In seinem Zimmer angekommen, öffnete Maxi aufgeregt seine Sporttasche. Er hatte mich auf die Schnelle für den Transport mit seinem Trikot abgedeckt. Dem Lieblingsshirt seines Lieblingsspielers. Aufdruck CR7. Das ist Ronaldo, sein Star, der Star vieler Fußballfans. Vorsichtig zog Maxi das Trikot beiseite. Dann starrten Mia und Maxi mich an.

Keiner sagte was. Es war absolut still. Nur Bella kam ins Zimmer und knurrte die Tasche an. Eigentlich lieben Hunde es, Bällen freudig hinterherzujagen. Aber ich war ihr anscheinend unheimlich. Sie knurrte ungemütlich.

Mia und Maxi waren verunsichert. Ich hatte vorhin noch mit ihnen gesprochen, jetzt schwieg ich. Ich war doch nur ein Ball.

„Meinst du, wir haben das nur geträumt?", fragte Maxi Mia flüsternd.

„Blödsinn", antwortete Mia, „wir haben es doch gehört. Der Ball hat gesprochen. Du hast es auch laut und deutlich gehört!"

Plötzlich musste ich husten. Die Nässe. Vielleicht war ich erkältet.

Maxi und Mia schauten sich an.

„Da hast du's", sagte Mia.

„Luft, Luft ...", krächzte ich. „Ich habe ja schon in einigen Taschen gelegen, aber die hier ist besonders stickig. Super, so neben stinkigen Socken!"

Die beiden Kinder bekamen ihre Münder vor Staunen nicht mehr zu. Nein, das hier war kein Traum, kein Film. Das hier war echt. ICH.BALL kann sprechen. ICH.BALL kann auch husten.

Mia und Maxi mussten lachen. Beide zogen ihre Fußballsocken am liebsten eine ganze Woche lang an. Vor dem Spiel wurden sie nie gewaschen, da waren sie abergläubisch.

„Tut uns leid", flüsterte Mia, „wir wussten ja nicht, dass du so sensibel bist."

„Und ob", antwortete ich, „ich weiß sogar, wen ich nicht so gern riechen kann."

Mia und Maxi blickten sich unsicher an.

„Immer schön locker bleiben", sagte ich. „Ihr seid voll okay. Was meint ihr, in wie vielen Taschen ich schon gelegen habe! Das geht noch viel schlimmer. Ich habe nie verstanden, warum Fußballer ihre Socken so selten waschen. Einmal habe ich Ronaldo gefragt, warum. Er meinte, das sei Aberglaube. Man wäscht die Socken so lange nicht, wie man gewinnt. Deshalb rochen die von ihm besonders scheußlich."

„Du hast in echt mit Ronaldo gesprochen?" Maxi wollte es genauer wissen und hob mich aus der Tasche. Dann legte er mich auf sein Bett.

„Ja klar, als er noch ein Kind war", sagte ich und fühlte mich ein wenig geschmeichelt. „Er hat mich auch mal gefunden! Es war auf Madeira, seiner Heimatinsel in Santana, in einem Dorf auf den Hügeln."

Maxi und Mia klappte die Kinnlade runter, so staunten sie. Der Portugiese war für beide ein echtes Vorbild.

„Aber der spricht doch gar kein Deutsch", sagte Mia.

„Ein Ball wie ich reist viel, mal bin ich hier, mal dort. Deshalb kann ich viele Sprachen verstehen. Und meine Sprache nennt man übrigens Ballisch. Wisst ihr was?"

Die beiden Kinder schüttelten verneinend den Kopf.

„Aber nicht weitererzählen", flüsterte ich. „Mich können nur die Kinder sprechen hören, die mich gefunden haben. Die anderen nicht. Und Hunde. Wenn sie mit mir spielen ... Toll, was!?"

Mia nickte und sagte: „Cool. Es wäre auch sehr schön, wenn ich Maxi manchmal nicht hören könnte."

„Och Mensch, du bist blöd, Mia", sagte Maxi und zog einen Schmollmund.

Plötzlich klopfte es an der Tür und ihr Vater rauschte ins Zimmer. Bella wedelte mit dem Schwanz und knurrte wieder. Knurrte sie mich an oder den Vater?

„Hallo ihr zwei", sagte er, „Mama und ich haben gar nicht gehört, dass ihr zurück seid!" Er schaute sich verwundert um. Erstens hatte er noch nie gesehen, dass Bella einen Ball anknurrte. Sie hatte also mich angeknurrt. Und zweitens, das fand er wirklich merkwürdig, hockten die beiden normalerweise nie zusammen in einem Zimmer.

Die Kinder schauten ihren Vater mit großen Augen an. Hatte er mitbekommen, dass sie eben mit mir gesprochen hatten? Sie liebten ihren Vater, er war sehr nett und schimpfte wenig, und er war wie sie ein großer Fußballfan. Er liebte Jürgen Klopp und den FC Liverpool über alles. Klar, als Engländer!

Und er spielte selbst Fußball. Darum fand er es auch toll, dass seine Kinder dasselbe Hobby hatten.

„Was ist los mit euch beiden? Habt ihr das Spiel verloren?" Ron blickte Mia an und grinste. „Oder bloß eure Sprache?"

Mia und Maxi schauten verdutzt. Ihr Vater hatte den „Ball voll ins Tor getroffen" – oder, wie man sagt, fast den „Nagel auf den Kopf". Nur dass sie die Sprache nicht verloren hatten. Sie hatten eine Sprache gefunden, nämlich meine, die eines Balles, mit dem sie nun ganz offensichtlich sprechen konnten.

„Wir haben 1:1 gespielt. War okay", sagte Mia schnell und hoffte, ihr Vater würde sich damit zufrieden geben und das Zimmer gleich wieder verlassen. Doch das tat er nicht.

Da mischte ICH mich ein. „Toller Typ, euer Vater. Sieht aus wie ein Fußballer. Hat O-Beine wie Messi!" Ich kicherte vor mich hin.

Maxi und Mia drehten erschrocken ihre Köpfe zum Bett. Natürlich hatten sie mich gehört. Ich hatte zwar gesagt, dass Erwachsene mich nicht hören konnten. Aber sie zweifelten daran, ob es wirklich so war. Jetzt ist es vorbei, sagten ihre ängstlichen Blicke, ihr Vater hatte den neuen Ball entdeckt. Und weil man nicht einfach fremde Bälle mitnimmt, würde er jetzt gleich mit ihnen schimpfen und ... Aber der Vater lachte. Allerdings nicht über mich. Denn er konnte mich tatsächlich nicht hören.

Nein, Ron lachte über den Blick seiner Kinder. „Ich kann gut verstehen, dass ihr so panisch schaut. Ich rieche eure Socken bis hierhin. Und Bella scheint auch nicht amüsiert zu sein. Also, ab in die Wäsche damit. 1:1 ist doch gut, wenigstens nicht verloren. Also guckt nicht so traurig. Und geht heute nicht so spät ins Bett. Morgen ist Schule. Nicht dass Mama wieder verzweifelt. Ihr wisst, ich bin heute Abend noch mit meinen alten Herren im Pub zum Fußballschauen. Premier League!"

Dann drehte er sich um, ging und machte die Tür zu.

„Puh. Das glaub ich jetzt nicht", sagte Maxi erleichtert. Mia nickte. „Er hat dich tatsächlich nicht gehört", sagte er zu mir.

„Sag ich doch", gähnte ich. „Nur ihr könnt mich hören. Ich bin übrigens auch müde. Rumliegen macht ganz schön schlapp. Ich könnte jetzt ein Nickerchen vertragen. Und ihr?"

„Wir sind auch kaputt", sagte Mia, „und machen uns jetzt fertig fürs Bett." Dann nahm sie mich vom Bett und legte mich unter den Schrank. Nicht ganz nach hinten, aber so, dass ich nicht gleich gesehen wurde und dennoch selbst alles hören konnte.

„Kannst du uns noch eine Gute-Nacht-Geschichte erzählen?", fragte Maxi. Beide Kinder lagen im Bett von Mia. Denn das war größer als das von Maxi.

„Vielleicht noch mehr über Ronaldo?", fragte Mia.

„Klar, gern. Christiano Ronaldo ist ein toller Spieler. Aber das wisst ihr sicher. Er ist einer der besten, wenn nicht sogar der beste der Welt. Boah, der kann vielleicht mit mir umgehen! Er hat mich mehrmals beim Freistoß so krass angeschnitten, dass ich eine Flugkurve nahm wie in der Achterbahn. Hat mich über die Mauer gedreht und voll in den Winkel gekracht. Der Torwart hatte keine Chance. Das Netz hat richtig gezittert. Okay, ich hab natürlich ein wenig nachgeholfen, denn das müsst ihr wissen: Ohne Ball geht nichts! Wenn ich nicht will, dann gibt's kein Tor. Es muss fair zugehen, und ich will schon anständig behandelt werden!"

„Na, bei uns hast du es schön warm, oder?", fragte Maxi.

Ich lachte. „Danke, ja, aber ich meine auf dem Platz. Apropos Ronaldo. Dem hab ich es zu verdanken, dass ich jetzt hier bin."

„Echt? Wieso?", fragten Mia und Maxi synchron wie aus der Pistole geschossen.

Ich gähnte. „Na ja, es war gestern, beim Pokalspiel in Italien, Juve, also Juventus, lag kurz vor Schluss zurück. Dann gab es einen Elfmeter. Völlig unberechtigt. Das war eine klare Schwalbe. Ich hab es gesehen. Und da habe ich Ronaldo den Ausgleich vermasselt. Er schoss straff aufs Tor, aber ich hab mich im letzten Moment ein bisschen nach oben gedreht. Zum Glück bin ich nicht gegen die Latte geknallt, sondern im hohen Bogen drüber. Also über das Tor, über die Tribüne und raus aus dem Stadion ... und dann wurde mir plötzlich schwarz vor den Augen. Dunkel!"

„Und dann?", fragte Mia.

„Von dem, was danach passiert ist, weiß ich nix mehr. Als ich aufgewacht bin, lag ich im Gebüsch hier in Frankfurt am Main. Da, wo ihr mich gefunden habt."

„Bist du an den Sternen vorbeigeflogen?", flüsterte Maxi.

„Ich hab keine Ahnung", sagte ich. „Hab ja nix mitgekriegt."

Ich musste gähnen. War müde vom langen Flug. Und dann bin ich eingeschlafen.

Und auch Mia und Maxi schliefen ein. Es war ihre erste Nacht mit mir, dem Ball. Ich glaub, beide träumten von mir und wünschten sich schon jetzt, dass ich bei ihnen bleibe.

Das Geisterspiel

Ich war ziemlich müde und schlief ein. Und wenn ICH.BALL schlafe, träume ich sofort los. Kennt ihr das? Wenn man schläft und träumt und gleichzeitig denkt man – oh je, was träumt man dann für ein komisches Zeug! Also im Traum merkt man, dass man träumt. Das muss mir mal einer erklären, wie das eigentlich geht. Aber natürlich nicht jetzt. Denn jetzt war ich schon wieder mittendrin in einem kleinen Abenteuer. Ich war plötzlich auf einem kleinen Fußballplatz.

Was war der Rasen toll geschnitten. Als hätte jemand mit einer kleinen Schere tagelang Halm für Halm gestutzt. Englischer Rasen. So muss der aussehen. Herrlich! Ich lag da so rum und wartete auf den ersten Tritt, da merkte ich, dass ich gar nicht in England war. Sondern in Schottland. Denn plötzlich kamen zwei Männer auf mich zu, die hatten Röcke an. Bunt karierte Röcke bis zu den Knien. Und bis zu den Fußballschuhen hatten sie lange Strümpfe an. Auch kariert. So etwas hatte ich schon mal gesehen, als ich ein Einwechselball gewesen war bei einem Länderspiel. Schottland gegen Irland. Auf der Tribüne waren jede Menge Fans, die Röcke trugen. Schottenröcke. Die nennt man auch Kilts. Sind ein komisches Volk, die Schotten. Die Männer tragen Röcke und spielen Dudelsack. Das ist ein traditionelles Instrument, bei dem man auf eine Art Blasebalg drückt und gleichzeitig in eine Flöte pustet. Höllisch schwer! Gut, dass ich das nicht machen muss.

Auf jeden Fall musste ich mir keine Mühe geben mit dem Sprechen. Denn die beiden Schotten waren keine Kinder. Sie trugen nämlich lange Bärte. Und als sie mich so hin und her kickten, konnte ich im Fliegen auch die Umgebung sehen. Leute, was für ein toller Ort das war! Ein echtes Schloss stand direkt neben dem Platz. So mit kleinen Türmchen und einer riesigen Treppe als Aufgang. Und um das Schloss herum war ein Wassergraben gezogen. Das diente früher als Schutz gegen Feinde. Heute schwimmen da die Schwäne. Und vielleicht Bälle, die man vergessen hat, einzusammeln. Warum denn das, werdet ihr jetzt fragen?! Aber in diesem Moment versuchten die beiden mich schon abwechselnd in ein Fenster in der ersten Etage zu schießen. Dort stand ein kleiner Junge in einem feinen Anzug und winkte ihnen zu. Ich hatte großes Glück. Denn schon der dritte Schuss ließ mich durch das Fenster fliegen und ich landete mit einem lauten Scheppern direkt in einer alten Ritterrüstung. Der kleine Junge lachte laut.

„Ich hätte mit der Rüstung von Ritter Kuno doch ein Torwarttraining machen sollen. Dann hätte er dich aufgefangen!"

Jetzt war Ritter Kuno zu gar nichts mehr in der Lage. Er war in seine Einzelteile zerlegt. Ritter Puzzle!

„Und wer bist du?", fragte ich den Jungen, der blonde Locken hatte und ein bisschen wie der kleine Lord aussah. Ihr wisst schon. In dem Film, den alle immer in der Weihnachtszeit gucken.

„Ich bin Lord Tim. Ich wohne hier auf dem Schloss. Das ist manchmal ziemlich langweilig. Aber heute ist ein großer Tag. Hast du auch einen Namen?"

„Ich heiße Ball. Das ist ja prima. Denn auf Englisch und deutsch ist das ja gleich und das kann jeder verstehen."

Ich grinste. Aber ich hatte irgendwie das Gefühl, dass mit diesem Schloss etwas nicht stimmte.

„Willkommen auf Schloss Ghost Kick, mein lieber Ball",
rief Lord Tim. „Du bist hier genau richtig. Denn wir brau-
chen noch einen Ball für das Spiel aller Spiele heute. Genau
um 24:00 Uhr!"

Ich hatte also recht. Schlösser heißen ja normalerweise Neuschwanstein, Windsor oder Schönbrunn. Und nicht Ghost Kick. Aber was soll's, dachte ich. Ich habe ja gerade im Traum nichts Besseres zu tun.

„Wenn der Lord mich braucht, bin ich da", sagte ich sehr mutig. „Wer spielt da dann gegen wen? Könige gegen Prinzen?"

Lord Tim schüttelte den Kopf. Dann sagte er im Stile eines Stadionsprechers: „Ladies and Gentlemen, im Endspiel um den großen Hexen-Pokal stehen sich heute gegenüber: die Mannschaften von ‚Kopf ab Liverpool' und ‚Kettenrasseln United'! Wenn die Turmuhr zwölf schlägt, ist es so weit."

Deshalb also brauchte Lord Tim einen Ball. Jetzt wurde es mir klar. ICH.BALL sollte mitspielen im einzig wahren Geisterspiel.

Und schon begann die Uhr zu schlagen. Der Wind pfiff plötzlich durch den Saal, schaurige Geräusche erklangen, jemand lachte sehr unheimlich.

Na, das kann ja lustig werden, dachte ich noch. Ich bin gespannt, ob die Geister noch Beine haben zum Fußball-spielen. Und wie sollen sie ohne Kopf den Ball köpfen?

Dann schlugen plötzlich alle Fensterläden zu. Nebel durchzog den Raum. Die Kerzen flackerten. Das Licht ging aus. Die Turmuhr schlug zwölf.

Knarrend öffnete sich eine alte Tür neben dem Kamin. Staub rieselte von der Decke. Und dann liefen sie ein, die beiden Teams.

Als erstes kam „Kopf ab Liverpool" in den Saal. Ich wusste auch sofort, woher der Teamname kam. Alle Geister hatten weiße Gewänder mit Nummern, aber keine Köpfe auf dem Hals, sondern trugen ihn unter dem Arm. Und sofort ließen sie die Köpfe fallen und begannen sich damit warm zu machen. Und passten sie sich zu. Ich musste lachen. Jetzt verstand ich auch, warum so mancher Trainer vom Spielfeldrand ruft, sein Team soll nicht so kopflos spielen.

Und dann gab es einen riesigen Lärm. „Kettenrassel United" kam durch die Tür. Oder besser fiel. Denn alle hatten ihre Ketten an den Fußgelenken und purzelten übereinander.

Was für eine Rasselbande. Wieder musste ich lachen. Das war gar nicht gruselig, sondern lustig. Und inmitten dieses Chaos kam ein kleiner buckliger Mann mit langem Bart zum Vorschein. Er zog das Bein nach und rief wütend: „Was soll denn wieder dieser Quatsch! Haltet eure Köpfe fest und ordnet eure Ketten. Denn heute spielen wir mit einem echten Ball!"

Alle schauten mich an. Die Köpfe auf dem Boden und die Rasselbande.

Dann kam der Bucklige auf mich zu.

„Ich bin Lord Schiedsrichter", sagte er mit krächzender Stimme. Und es gibt bei diesem Spiel nur eine Regel. Nämlich die, dass es keine Regeln gibt. Bist du bereit für dein erstes echtes Geisterspiel?"

Er streckte die Hand nach mir aus. Und nahm seine Pfeife in den Mund.

Es klingelte.

Warum pfeifen bei den Geistern die Schiedsrichter nicht, sondern klingeln, dachte ich noch, als ich langsam wach wurde.

Ich machte vorsichtig die Augen auf.

Es war der Wecker von Mia.

Gott sei Dank. Ich war sehr froh.

Denn ich hätte nicht wirklich Lust auf dieses Geisterspiel gehabt.

Papa Ron im Pub

Inzwischen war Ron mit „seinen Jungs", seinen alten Herren, im Pub, einer Sports bar, angekommen und hatte sich ein Lagerbier bestellt. Wie immer diskutierten sie über Fußball und andere Themen wie Frauen, Politik und das Wetter.

Dann erinnerte sich Ron an einen Zeitungsartikel in der London Times, den er kürzlich gelesen hatte, und er erzählte ihn seinen Jungs nun:

Es muss bei einem Spiel von Liverpool gegen Arsenal gewesen sein. Ein Stürmer hatte mich so fest angeschnitten, dass mir ganz schwindelig wurde und ich aus dem Stadion flog. Ihr glaubt nicht, wo ich landete. Im Garten der Queen. Ihre Hunde spielten sofort mit mir und die Queen war amüsiert davon. So nahm sie mich mit in ihr Haus und lud mich zum Tee ein. Es war 17:00 Uhr nach Ortszeit. Also Teatime in England. Die Überschrift am nächsten Morgen in der London Times lautete:

The Queen. Teatime with the BALL!

Irgendein Reporter, oder vielleicht der Butler, oder gar der Gärtner, hatte bei dem Dialog zwischen der Queen und mir einfach gelauscht und ihn in einem Artikel veröffentlicht. Anlass für meine Einladung war gewesen, dass die Queen wohl gehört hatte, ICH.BALL könne alle Sprachen verstehen, und sie wollte wissen, wie England bei der nächsten Europameisterschaft abschneiden würde. Sie wusste auch, dass mich nur Kinder hören können und Hunde. So hatte sie ihren Hund gebeten zu übersetzen. Der Text war so:

Queen: „So schön, dass Sie hier sind, Ball. Können Sie mir sagen, wie ihr Name ist und welcher Mission sie folgen?"

Weiterhin fragte sie mich, ob ich eine Tasse Tee bevorzuge? Das fand ich witzig. Ich antwortete:

„Gestatten? BILKO. JOLA BILKO! Und nein, kein Tee. Ich bevorzuge Kakao. Geschüttelt und nicht gerührt!"

Das hatte ich mal in einem James-Bond-Film gesehen und dachte, der Queen damit ein Lächeln abringen zu können, da sie ja nicht laut lachen darf. Doch sie lachte lauthals und freute sich.

Sodann fragte mich die Queen: „Herr Bilko, was genau glauben sie durch ihre Arbeit in der Welt verbessern zu können?"

Ganz locker rollte ich mich zurück in das Sofa und antworte ganz entspannt in Richtung des Hundes, damit er mich besser verstehen kann, aber mit Blick zur Queen:

„Mich kennt man auf der ganzen Welt. Nur gut, dass ICH. BALL alle Sprachen verstehe und mich überall wohlfühle. Es ist ja auch einfach, wenn man nicht religiös ist und keine Politik betreiben muss. So kann ich mein Ballleben einfach genießen und mit allen Menschen spielen. Egal wo und mit welcher Sprache, Herkunft, Hautfarbe und Geschlecht. Ich will nur spielen und: GEWINNEN! Daher helfe ich in manchem Spiel etwas nach. Ach so. JOLA BILKO sind Worte aus dem ESPERANTO. Esperanto ist eine Europäische Sprache und bedeutet: Jo, der Ball!

Ich weiß natürlich, dass ich in andern Sprachen auch andere Namen trage: so zum Beispiel in Englisch ‚the ball', in Spanisch ‚la pelota', ‚la palla' in Italienisch. ‚Di Pilke' in Jiddisch, ‚bollen' in Schwedisch und in Französisch ‚la balle'. Um nur einige zu nennen."

Wieder musste die Queen lachen und freute sich über meine Bildung und mein Sprachgefühl.

Aber in Europa finde ich LA BILKO schön. Ach, noch was Wichtiges! Mich kann man nur als Kind verstehen. Die Erwachsenen haben das verlernt! Daher hören Sie nicht, was ich so erzähle. Meine Sprache ist nämlich: BALLISCH. :-)

Ach, und Hunde verstehen mich komischerweise auch!", antwortete ich, und weiter: „Aber das mit den Hunden wissen Sie ja, Frau Queen!" Wieder musste sie laut lachen.

„Meine Mission ist meine Vision!", berichtete ich weiter. „Ich möchte, dass die Menschen miteinander spielen und sich messen. Ohne Gewalt oder gar Krieg! Ich möchte Freude bringen und zur Völkerverständigung beitragen. Ich denke nicht national, sondern vielmehr global! Und so handle ich auch!" :-)

Die Queen zuckte kurz zusammen, als ihr Hund meine Worte übersetzt hatte. Sie rief ihren Butler James und flüsterte ihm etwas ins Ohr. Er verschwand schnellen Schrittes und kam sodann mit einer Holzschachtel zurück.

Die Queen nahm die Schachtel und öffnete sie geheimnisvoll mit den Worten: JO LA BILKO, für Ihre Mission und Ihre Vision möchte ich Ihnen hiermit den ‚Großen Englischen Friedensorden' verleihen und freue mich auf die Europameisterschaft und weitere Spiele, ohne Anspruch auf einen englischen Sieg. Nur Liverpool soll Meister werden!"

Sie lächelte milde und steckte mir den Orden mit einer Nadel in mein Leder. Das pikste etwas. Aber ich war stolz wie Harry! Nur gut, dass die Queen nicht merkte, wie ich rot wurde unter meiner Haut.

„Dass diese Geschichte in der London Times veröffentlicht wurde, ist natürlich ‚englischer Humor‘." Mit dieser Geschichte unterhielt Ron seine Jungs, bis sie alle bezahlten, da sie ja am nächsten Tag wieder zur Arbeit gehen mussten. Wenn er gewusst hätte, dass sich dies wirklich alles so zugetragen hatte und ich nun unter dem Bett seiner Kinder lag. Was hätte er wohl dann erzählt? :-)

Der Ball ist nicht rund

Kaum waren Maxi und Mia aufgewacht, schauten sie nach mir. Ich hatte mich in die hinterste Ecke des Schrankes gerollt.

„Guten Morgen, Ball", sagte Maxi fröhlich. Ich gähnte wieder sehr laut und antwortete:

„Hmhh ..., ich habe vielleicht gut geschlafen. Was machen wir heute? Also, ich habe noch nichts vor!"

Mia und Maxi grinsten. „Das ist ja prima, dann kommst du mit in die Schule!", sagte Mia.

„Ballschule?", fragte ich. „Ich war früher mal auf einer Ballgrundschule gewesen. Meine Eltern wollten immer, dass ich Ballitur mache. Aber ich hatte keine Lust dazu. Ich wollte lieber gespielt werden."

„Spielen würde ich auch lieber als zur Schule gehen", sagte Maxi. „Aber wenn du mitkommst, gehe ich heute sogar gerne hin."

Die Kinder packten mich in die Sporttasche und machten sich mit dem Fahrrad auf den Weg. Sie ließen die Tasche auf dem Gepäckträger einen Spalt weit offen. So konnte ich etwas von Frankfurt sehen und mit beiden während der Fahrt sprechen.

„Welches Fach habt ihr heute?", rief ich aus der Tasche.

„Heute ist bei mir Sachkunde", sagte Mia. „Ich soll etwas über einen Gegenstand erzählen! Leider ist mir noch keiner eingefallen."

„Also mir würde schon EINER einfallen", rief ich. Maxi hatte verstanden. Nur Mia brauchte ein bisschen länger. „Dann gib mir mal einen Tipp", sagte Mia.

„Meine Schwester ist eine gute Torfrau, aber sonst ein bisschen langsam im Denken, lieber Ball", sagte Maxi.

„Na dann will ich mal nicht so sein: Der weltbeste Gegenstand bin natürlich: ICH.Ball!", rief ich mit voller Überzeugung.

„Was kann ich denn über einen Ball erzählen?", fragte Mia. „Ich weiß nicht viel über Bälle, außer dass sie verdammt teuer sind. Und dass mein Trainer immer sagt: Das Runde muss ins Eckige. Und ich als Torfrau soll das verhindern!"

Ich lachte herzhaft und antwortete: „Wie gut, dass ihr jetzt einen absoluten Ball-Fachmann kennengelernt habt. Also am besten erzählst du, dass dies nicht stimmt!"

„Was soll nicht stimmen?", fragte Maxi.

„Na, das Tor ist wohl eckig, aber ich bin nicht rund!", antwortete ich.

„Das verstehe ich nicht", sagte Mia und bremste ab. Wir waren fast auf dem Schulhof. Beide Kinder checkten kurz die Lage. Es sollte niemand sehen, dass sie mit einer Sporttasche sprachen.

„Der Ball ist nicht rund", begann ich zu berichten, und weiter: „Wenn ich rund wäre, würde ein Fußballspieler niemals mit mir das Tor treffen. Weil ein ganz glatter runder Ball ganz seltsam fliegt.

„Echt?", fragte Maxi verwundert. „Meine Bälle müssen dann ganz rund sein. Die gehen oft nicht ins Tor!"

Da mussten Mia und ich laut lachen. „Das liegt sicher daran, dass du nicht richtig schießt", sagte Mia zu ihrem kleinen Bruder.

„Oder mich nicht richtig behandelst", erwiderte ich. „Ich habe nämlich Ecken und Kanten. Die sind allerdings so klein, dass man sie nicht sieht. Ich werde aus fünf- und sechseckigen Stücken zusammengenäht. Ich sehe also rund aus, bin aber eckig!"

„Das glaubt mir keiner, wenn ich das erzähle", stöhnte Mia.

„Hey! ICH bin der Ball und habe immer recht! Das wirst du sehen!"

In der Schule nahm Mia mich mit in ihre Klasse. Maxi fand das natürlich blöd. Maxi hätte mich auch gerne mit in seine Klasse genommen. Aber ich versprach, ihm später ein paar Tricks zu zeigen. Damit sein Ball garantiert demnächst ins Tor ging. Damit war Maxi besänftigt. In der Klasse erklärte Mia dann allen, dass sie nach dem Unterricht sofort zum Training müsse. So wunderte sich niemand über die Sporttasche unter ihrem Tisch. Und ich konnte alles mithören.

Mia machte das großartig. Sie erzählte alles, was sie von mir gelernt hatte. Und ihre Mitschüler kamen aus dem Staunen gar nicht mehr heraus. Auch ihr Klassenlehrer war überrascht. Dass ein Ball nicht rund sein sollte, hatte er auch noch nicht gehört. Nur einmal musste Mia ein wenig schwindeln. Als der Lehrer fragte, woher sie das denn alles habe. „Das habe ich in einer englischen Fachzeitung meines Vaters gelesen", schwindelte Mia. Sie konnte mich ja auf keinen Fall verraten. Und es hätte ihr auch niemand geglaubt. Als ihr Vortrag mit Applaus zu Ende ging, wurde Mia ein wenig rot. Noch nie hatte sie in der Schule so viel

Lob bekommen. Sie tat so, als ob ihr etwas runtergefallen war und beugte sich zu mir unter den Tisch.

„Danke, lieber Ball!", flüsterte sie kaum hörbar.

„Ich sagte doch, ich bin der Knaller!", flüsterte ich zurück.

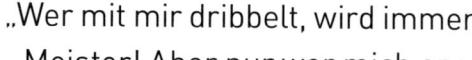

„Wer mit mir dribbelt, wird immer Meister! Aber nur wer mich eng an seinem Fuß führen kann und dabei den Kopf hoch hält für seine Mitspieler, der wird mich auch in die richtige Richtung bringen.

Das langweilige Zurück- oder Hintenrumspielen, das mag ich gar nicht! Lieber einfach mal in leere Räume spielen!

Manche Menschen verstehen meine Magie und Spielfreude nicht. Daher gehe ich auch oft ins Aus oder ins Abseits oder an die Latte, den Pfosten oder fliege einfach mal aus dem Stadion raus. Das alles macht mir Spaß!" :-)

Eine Lektion in Fairness

Zurück bei den Fahrrädern sah Maxi sehr bedrückt aus. Während Mia von allen Seiten noch auf den „nicht runden Ball" angesprochen wurde, stand Maxi frustriert an seinem Fahrrad.

„Kann ich den Ball mit auf meinen Gepäckträger nehmen?", fragte er Mia. Aber ich merkte, dass etwas mit Maxi nicht stimmte.

„Was ist mit dir los, kleiner Ronaldo?", fragte ich ihn. „Ist ein Ball in die falsche Richtung gerollt?"

„Ach, das ist ziemlich blöd", erzählte Maxi. „In der Pause spielen wir immer Fußball. Aber die großen Jungs wollten mich nicht mitspielen lassen. Alle wurden ins Team gewählt. Aber am Ende stand ich alleine da."

Ich überlegte. Maxi sah traurig aus.

„Ich kenne das natürlich auch", beruhigte ich ihn, und weiter: „Ich war auch nicht immer erste Wahl. Im Ballnetz habe ich oft genug mit anderen Bällen gelegen und auf meinen Einsatz gewartet. Auch bei der Weltmeisterschaft in Brasilien. Oft wurden nur die Bälle herausgenommen, die am schönsten aussahen. Diese ganzen neuen Bälle. Ihr wisst ja, wir Turnierbälle haben alle verschiedene Namen. Und so hieß der WM-Ball im Jahr 2014 BRAZUKA."

„Aber das waren noch Babys. Nicht eingespielt! Das müsst ihr euch vorstellen. Neue Bälle haben doch noch keine Erfahrung!" Mich haben schon so viele Füße getreten und geschnippelt. Ich weiß, wie es geht! Und das habe ich dann auch gezeigt, wenn ich die Gelegenheit dazu hatte."

„Du warst bei der WM dabei?" Mia und Maxi stellten beide gleichzeitig diese Frage.

„Ja, klar", sagte ich stolz. „Ich habe das eine oder andere

Spiel gemacht. Und ein guter Freund von mir ist so wunderbar auf die Fußspitze von Mario Götze geflogen. Dann konnte er gar nicht anders, als von dort aus ins Tor zu fliegen."

„Hast du gehört? Unser Ball kennt den WM-Endspiel-Ball von 2014. Wahnsinn!" Mia schüttelte fast ungläubig den Kopf.

„Tja, was glaubt ihr, wen ihr vor euch habt? Ich komme aus einer sehr erfolgreichen Ball-Familie!"

Dann wandte ich mich an Maxi und Mia. „Also merkt euch schon mal gut: Gutes Aussehen alleine reicht nicht. Man muss auch was können. Und den Ball verstehen."

Ich schaute Mia und Maxi an und fragte: „Sind die Jungs noch da?" „Ich glaube schon", antwortete Maxi. Er wusste nicht so recht, warum ich danach fragte. „Na dann los", sagte ich, „erteilen wir Ihnen eine Lektion!"

Sie gingen mit mir auf den Schulhof zurück. Die Jungs aus der 4. Klasse kickten immer noch und schossen auf zwei kleine Eisentore. Drei gegen drei. Ohne Torwart. Als Maxi und Mia um die Ecke bogen, stoppten sie. Drei von ihnen hatten gestreifte Trikots berühmter Vereine an und spielten zusammen gegen drei Jungs ohne Vereinstrikots.

„Aha, jetzt kommt Klein Maxi mit seiner großen Schwester!", rief ein Junge mit einem Angeber-Trikot. Ein anderer lachte. „Da bin ich mal gespannt, wie gut Mia ist. Sie soll ja auch im Verein spielen."

Mia stellte sich vor die sechs. „Ach, ich will gar nicht spielen", sagte sie, „ich möchte nur, dass mein Bruder noch mal mitspielen darf!"

Maxi schaute seine Schwester erstaunt an. Was hatte sie bloß vor, fragte er sich.

„Und warum sollten wir ihn jetzt mitspielen lassen? Wir waren doch eben schon der Meinung, dass er für uns nicht gut genug ist." Der größte der drei Jungs zuckte mit den Schultern. Die anderen nickten.

„Weil er einen Ball mitgebracht hat." Mia hielt den Ball hoch. Ich sagte natürlich nichts. Ich wollte von diesen unfairen Fußballern nicht gehört werden.

„Oho", rief ein zweiter Junge mit Angeber-Trikot, „ist der aus dem Museum, so abgenutzt wie der aussieht?" Die anderen lachten.

Die spielen mit einem Modell aus Plastik, dachte Maxi. Und lachen sich über unseren Ball kaputt. Ihm war gar nicht wohl zumute. Er wusste nicht, was gleich passieren sollte.

„Ach, wer wirklich gut ist, der kann mit jedem Ball spielen, oder?" Mia warf den Jungs den Ball zu. Der große Angeber versuchte ihn zu stoppen. Aber ich sprang ihm vom Fuß und rollte direkt zu Maxi. Dort blieb ich liegen. Die anderen Jungs runzelten die Stirn. Das war dem großen Angeber so noch nie passiert.

„Okay, wir spielen, bis ein Tor fällt. Und das wird schnell genug passieren. Und zwar für uns!" Der dritte Junge im Vereinstrikot baute sich vor Maxi und Mia auf. „Du spielst mit den beiden!" Er zeigte auf zwei Burschen ohne Trikot in Jeans. „Gegen uns!"

Das war ja klar, dachte Maxi. Die drei mit der größten Klappe spielen miteinander. Er beugte sich nach unten, um die Schuhe fest zu schnüren. „Mach dir keine Sorgen", flüsterte ich ihm zu.

Die drei mit der großen Klappe hatten Anstoß. Sie passten mich einander zu. Plötzlich stürmte der Größte los zum kleinen Tor und winkte wild mit den Armen. Die anderen waren zu überrascht, um ihm zu folgen. Normalerweise wäre es einfach gewesen: ein hoher Pass, mit der Seite eingeschoben, Tor!!!! Doch aus dem hohen Ball wurde ein flacher Schuss, der fünf Meter am Tor vorbeiging. „Das ist der Ball", fluchte der Große Junge. „Das geht normalerweise nie schief!"

Mia lachte. „Das ist typisch. Wenn es ein Tor wird, bist du es. Wenn nicht, ist der Ball schuld."

Ich dachte in diesem Augenblick: Eigentlich ist es aber genau anders herum.

Maxi hatte ihn inzwischen geholt und dribbelte los auf den Gegenspieler. Der kleine im Trikot griff ihn an. Etwas lustlos, weil er glaubte, nicht viel tun zu müssen, um den kleinen Maxi abzuwehren. Aber da hatte er die Rechnung ohne MICH gemacht. Maxi nämlich tippte mich sehr geschickt mit seinem Außenrist an und tunnelte den Gegenspieler. Die beiden anderen standen da wie angewurzelt. Vor allem, als Maxi mich dann auch noch mit der Innenseite schoss. Und ICH in einem Bogen auf das Tor zuflog. Maxi dachte schon, ich würde vorbeigehen. Aber ICH senkte mich im letzten Moment und tropfte über die Linie.

Maxi riss die Arme hoch. Seine Mitspieler in Jeans auch. Das fand der große Möchtegern im Star-Trikot überhaupt nicht gut. „Hört auf zu jubeln, das war Zufall!", rief er laut. Und konnte es kaum glauben. Der Kleine aus der zweiten Klasse hatte eine Riesenaktion gehabt. Und ein Tor gegen ihn und seine Mitstreiter erzielt. Wie hatte er das nur gemacht?

Maxi hob den Ball auf und lief zu Mia. Die klatschte ihn ab. „Toll gemacht, Bruderherz", sagte sie. Und zu mir flüsterte sie: „Heute hast du uns beiden sehr geholfen!"

Mia und Maxi schauten mich glücklich an, als sie zu den Fahrrädern liefen. Sie hatten das Gefühl, ich sei bei dieser Bemerkung ein wenig rot geworden.

„Ich habe doch fast gar nichts gemacht", antwortete ich. „Ich kann nur Hochnäsigkeit und Unfairness nicht leiden. Und die Jungs haben hoffentlich ihre Lektion gelernt."

Die Sorge der Eltern

Während ich nun langsam müde wurde und Mia und Maxi bereits leise schliefen, hörte ich durch einen Türspalt draußen die Eltern Ron und Sofia miteinander reden: „Ron", sagte Sofia zu ihrem Mann. „Merkst Du eigentlich, dass sich die Kinder in letzter Zeit oft zusammen in einem Zimmer beschäftigen? Und dass sie oft auch alleine vor sich hin sprechen oder mit einer Fantasiefigur? Müssen wir uns Sorgen um sie machen?" Sofia war besorgt. „Nein", antwortete Ron. „Ich denke, es geht ihnen zurzeit sehr gut, da

sie sich intensiv mit dem Fußball beschäftigen und viel trainieren. Danach ist man manchmal einfach platt, und wir beide kennen das doch aus unserer Kindheit", beruhigte Ron seine Frau. „Hast Du mir nicht mal selbst erzählt, dass du als Kind in Italien auch eine Fantasiefigur hattest? Und dass die Figur dir stets zur Seite stand und dir geholfen hat, wenn du traurig warst oder gar wütend?", fragte er weiter. „Wie hast du die genannt? La LOLY oder le JOLY?", grinste er sie an. Sofia wurde verlegen und etwas rot im Gesicht. Dennoch war sie froh, dass Ron sie daran erinnerte. „Ich hatte auch einen imaginären Freund", versuchte Ron, Sophia zu erklären und sie zu beruhigen. „Der hieß Zebulon aus der Serie ´Das Zauberkarussel´, die Sendung habe ich immer im Fernsehen gesehen. Meine Eltern erschraken jedes Mal, wenn sie mich laut in meinem Zimmer rufen hörten: Turnikuti-Turnikuta. Der Zebulon ist wieder da!

Nun mussten beide laut lachen und machten die Tür zum Kinderzimmer zu.

Da Sofia gleich noch nach oben ins Sportstudio zu ihrem Yogakurs gehen wollte, war die Sorge damit ausgeräumt. Sofia arbeitete ja nun auch viel tagsüber und hatte manchmal einfach ein schlechtes Gewissen ihren Kindern gegenüber. Sie wollte jetzt aber entspannen und gab Ron einen zärtlichen Kuss auf den Mund mit den Worten: „Ich danke dir, mein lieber Ron. Dafür liebe ich dich. Sehr!"

Nun fiel die Tür ins Schloss.

Endlich konnte ich jetzt auch schlafen und dachte mir schon eine neue Geschichte für Maxi und Mia aus. Die beiden machten sich nämlich ebenfalls Sorgen um mich. Das konnte ich in ihren Träumen hören.

Hat der Ball Heimweh?

Am Abend waren die Geschwister mit der Straßenbahn auf dem Weg zum Fußballtraining. Sie waren allein im Abteil. Es wartete das Abschlusstraining vor dem Spiel am Wochenende. Wie immer an einem Donnerstag. Aber sonst war natürlich nicht alles wie immer. In ihrer Tasche lag diesmal nicht nur das übliche Trainingszeug, sondern auch ICH.BALL!

Das Leben hatte sich für Mia und Maxi ziemlich verändert. Sie hatten jetzt einen Ball, der schon nach kurzer Zeit ein echter Freund geworden war. Auf wundersame Weise war er plötzlich aufgetaucht und gehörte nun ihnen allein. Es gefiel ihnen, dass der runde Freund so lustig war und dass man von ihm etwas lernen konnte. Es war kaum zu glauben, aber die Geschichte, die Mia und Maxi erlebten, war wie die in ihrem Lieblingsfilm „ET, der Außerirdische". Könnt ihr euch an diesen Film noch erinnern? Maxi und Mia hatten ihn als ganz kleine Kinder mindestens zehnmal gesehen. Darin wird ein süßes Wesen von einem anderen Stern von einem Jungen namens Elliot entdeckt. Beide freunden sich an. Der Junge nennt ihn ET und versteckt ihn in seinem Zimmer. Von da an versucht er, dessen Anwesenheit vor seinen Eltern und allen anderen geheim zu halten. Aber ET bekommt irgendwann Heimweh! Darüber waren Mia und Maxi sehr traurig. Beide mussten dann meist weinen. Auch ihre Eltern, die den Film mit den Kindern immer geschaut hatten. Ron und Sofia taten dann immer so, als wäre ihnen was ins Auge geflogen. So süß! Aber die Geschwister hatten es natürlich gemerkt. Und der Gedanke an ET spukte jetzt plötzlich in ihren Köpfen herum.

Und deshalb machte sich Maxi auch ein bisschen Sorgen. Und traute sich, seine Sorgen anzusprechen. ICH.BALL schnarchte mal wieder in der Tasche. Immer, wenn ICH müde war von einem Spiel oder von einem meiner Vorträge, wurde ich müde. Und machte ein Nickerchen.

„Was meinst du Mia, vermisst der Ball irgendwen?", fragte Maxi besorgt. Was ist, wenn er vielleicht lieber woanders wäre?"

Mia schaute auf die Tasche. „Du meinst, er hat Heimweh? Wie ET?"

„Das könnte doch sein? Vielleicht hat er auch gute Ball-Freunde, die er gerne wiedersehen würde." Maxi machte ein trauriges Gesicht. Das würde ihm nicht gefallen. Jeder sollte eine Familie haben, dachte er. Und es wäre ja schön, wenn Mia und Maxi jetzt wie Geschwister für den Ball wären.

„Aber ET, der Außerirdische, kommt ja wieder zu seiner Familie zurück. Der Film hat doch ein Happy End. Und so wird es auch bei uns sein. Aber so lange bleibt der Ball noch bei uns! Und wir kümmern uns um ihn. Der kriegt bei uns kein Heimweh!" Mia hielt die flache Hand mit ihren fünf Fingern nach oben. „Gimme five!", forderte Mia ihren Bruder auf. Maxi schlug ein. Er lachte.

Mia schaffte es immer wieder, ihn zum Lachen zu bringen. Eine Schwester, wie man sie sich wünscht.

„Wer klatscht mir da Beifall?", meldete ich mich plötzlich zu Wort. „Das höre ich gerne! Applaus kann ich nie genug bekommen. Ich liebe dieses Geräusch, wenn das Publikum mir zujubelt!"

Maxi runzelte die Stirn. „Ich dachte immer, den Applaus bekommt der Spieler, der den Ball ins Tor schießt. Und nicht der Ball selber?"

„Oder die Torfrau, die den Ball davon abhält!", ergänzte Mia.

„Ja, ja, das habt ihr euch so gedacht", sagte ich. „Aber ihr habt ja schon bemerkt: Ohne mich geht nichts! Also mit mir muss man sich immer gutstellen."

Ich musste wieder mal gähnen. „Außerdem habe ich so schön geschlafen! Und geträumt!"

„Was träumt ein Ball denn eigentlich?", fragte Mia.

„Ich habe geträumt, ich hätte einen neuen Geschwindigkeitsrekord aufgestellt."

„Im Schnellrollen? Oder im Ballschnarchen?" Mia grinste und auch Maxi musste lachen. Der Ball war wirklich ein komischer Vogel. Dass sie beide mal einen Ball kennenlernen würden, der laut schnarchen konnte, hätten sie sich auch nicht träumen lassen. So viel zum Thema träumen.

„Mit dem Schnellrollen seid ihr schon nah dran", sagte ich. „Aber ich meine eher fliegen. Was meint ihr, wie schnell ein Bekannter von mir ins Tor geflogen ist? Was traut ihr einem Ball zu?"

Maxi überlegte. Er hatte in der Schule schon mal gehört, dass die Geschwindigkeit von Schüssen gemessen wird.

„Also ziemlich schnell", kam ihm Mia zuvor. „In der Innenstadt stand mal eine Schussgeschwindigkeitsmessmaschine. Da habe ich das mal ausprobiert. Mein Schuss hatte eine Geschwindigkeit von 52 Stundenkilometern."

„So schnell, wie ein Auto in der Stadt fahren darf!" Das ist schon ganz schön schnell!" Maxi war wieder stolz auf seine Schwester. Sie war nicht nur gut im Tor. Sie hatte auch einen strammen Schuss.

„Prima!", sagte ich. „Aber leider hättest du damit den Rekord um Längen verpasst. Den schnellsten Schuss der Welt schaffte der Brasilianer Ronny. Der donnerte den Bekannten von mir in Portugal mit einem Freistoß ins Netz. Fast so schnell, wie ein ICE-Zug durch Deutschland rast! Stellt euch das mal vor! 210,9 Kilometer pro Stunde! So schnell kann man gar nicht gucken. Und uns Bällen tut das sogar ein bisschen weh. Wir sind dann immer froh, wenn das Tornetz uns aufhält."

„Als Torfrau würde ich meine Hand dann nicht hinhalten. Sie würde ja glatt umknicken!" Mia lachte und war gleichzeitig beeindruckt. Was ein Ball so alles aushalten muss, darüber hatte sie sich bisher keine Gedanken gemacht.

„Na ja, fast so schnell bin ich auch schon mal geflogen! 156! Da spürt man ordentlich, wie der Wind pfeift." Ich reckte und streckte mich ein bisschen. „Und wer hat mich geschossen? Na, was meint ihr?"

Maxi und Mia schauten verdutzt. Der Ball überraschte sie schon wieder.

„ICH sage nur: ..." Ich zögerte die Antwort heraus.

„Nun, sag schon." Mia und Maxi waren so gespannt, dass sie die Antwort nicht erwarten konnten.

„David Beckham!!!!!! Na, jetzt seid platt, was? Ihr habt einen echten Star in der Tasche. Na, wo bleibt mein Applaus?"

Gut, dass in diesem Moment niemand in der Straßenbahn saß. Die Geschwister standen auf und applaudierten. Einer Sporttasche!

Danach setzten sie sich wieder. So viel Spaß hatten sie lange nicht gehabt. Und doch brannte Mia und Max noch eine Frage unter den Nägeln.

„Wir haben da noch eine Frage", traute sich Mia schließlich.

„Um was geht es?", fragte ich. „Autogrammstunde ist morgen von 14 bis 16 Uhr!!!! Dann wälze ich mich im Dreck und lasse mich für einen Abdruck auf meine Autogrammkarten fallen", erklärte ich kichernd den beiden Kindern.

„Ne", sagte Mia unsicher. „Maxi und ich haben gedacht,

dass du vielleicht Heimweh hast. Weil du woanders hin-
wolltest. Wo du doch so viele Berühmtheiten kennst!"

Einen Moment war es still. Die Kinder warteten gespannt
auf eine Antwort. Ich musste überlegen.

„Darüber macht euch mal keine Sorgen!", rief ich plötzlich.
„Es gibt keinen Platz auf der ganzen Welt, wo ich jetzt lieber
wäre. ICH.BALL erkläre hiermit Mia und Maxi zu meinen
neuen Freunden!" Ich lachte. Mia und Maxi auch.

„Aber, halt!", sagte ich dann: „Ich könnte es mir aber noch
mal überlegen."

Die Geschwister machten ein fragendes Gesicht.

„Wenn wir jetzt nicht langsam mal Fußball spielen. Ich
roste noch ein, hier in der muffigen Tasche."

„Das kannst du haben!", rief Maxi. Die Straßenbahn hielt
an. Sie stiegen aus. Mia schnappte sich die Tasche.

„Da vorne ist der Platz", rief sie. „Na dann mal los", rief
ich den Kindern noch zu. Heimlich freute ich mich natürlich,
dass sich die beiden solche Sorgen gemacht hatten über
mein Dasein in dieser wunderbaren Familie. Aber, anders
als bei ET, komme ich ja viel rum auf diesem Planeten. Ich
bin ein Weltball des Planeten ERDE! Daher fühle ich mich
hier überall sehr wohl. Schon allein wegen der Schwerkraft,
die mir stets hilft, ins Tor zu fliegen. Aber auch wegen der
vielen netten Menschen aller Nationen, die mit mir spielen.
Das alles hatte ET nicht! Und wir drei stürmten los. In ein
ziemlich spannendes neues Trainingsabenteuer.

Der Ball als Trainer

Die Kinder freuten sich riesig sich auf das gemeinsame Training. ICH hatte ihnen ja versprochen, dass ich ihnen ein paar Tricks zeigen würde. Maxi musste unbedingt etwas an seiner Schusstechnik arbeiten. Und Mia war ganz gespannt darauf zu erfahren, wie sie als Torfrau erkennen konnte, wie ein Ball fliegen würde. Das ist ja oft das Ärgerliche im Tor. Manchmal hat man das ganze Spiel über gar nichts zu tun. Und plötzlich kommt ein Ball aufs Tor zu. Wird abgefälscht. Und schlägt ein. Die Torfrau oder der Tormann kann nichts dagegen tun.

Maxi und ich zogen uns schnell um und liefen beide auf den Platz. Am Rand standen immer ein paar Leute, die beim Training zuschauten. Unsere Eltern waren auch ab und zu da. Aber nur, wenn es mit der Arbeit klappte. Sie kamen meist spät nach Hause. Da war das Training meist schon vorbei. Auch die „Weste" stand vor dem Vereinsheim. Er war schon steinalt. So um die 28. Den Spitznamen „Weste" hatte er bekommen, weil er immer eine rote Weste anhatte. Ihr wisst schon, das sind Jacken ohne Ärmel mit ganz vielen Taschen. Darin hatte „Weste" alles versteckt, was man so gebrauchen konnte. Werkzeug, Schreibblöcke, aber auch Pflaster, wenn sich beim Training mal jemand wehgetan hat. Dann zaubert er auch schon mal Süßigkeiten aus einigen der zahlreichen Taschen. Manche sagen, es gibt nichts, was er nicht in seiner Weste findet. Er kümmert sich bei uns im Verein darum, dass alles funktioniert, und macht nach dem Spiel die Würstchen auf dem Grill. Das Feuer für die Grillkohle zieht er natürlich auch aus der Weste. Manchmal hilft er sogar dem Trainer und stellt Hütchen auf und sucht Bälle, die oft genug über den Zaun fliegen und im nahen Waldstück landen. Kurzum, „Weste" ist so ein Typ für alle Fälle. „Weste", der Platzwart, der sich um alles kümmert.

Unser Trainer ist ein ehemaliger Spieler aus dem Verein. Er lässt viel mit dem Ball trainieren. Aber es wunderte ihn schon sehr, dass wir diesmal einen eigenen Ball mitbrachten.

„Habt ihr beiden Angst, dass wir heute nicht genug Bälle für jeden haben?", fragte uns der Trainer, als wir uns den Ball zupassten und auf ihn zuliefen. Auch die übrigen Spielerinnen und Spieler waren überrascht. Den eigenen Ball schont man meist und lässt ihn zu Hause. Keiner will ja, dass er kaputtgeht. Oder noch schlimmer: verschwindet!

„Keine Angst, Trainer! Das ist ein Trainingsball von uns. Wir wollen mal ausprobieren, ob der noch o. k. ist!", rief ich. Ich hatte mir diese Erklärung einfallen lassen. Doch damit war ICH.BALL gar nicht einverstanden:

„Was soll das?", rief ich Mia zu. „Ich bin mehr als ‚o. k.'! ICH bin der BALL. Hallo!!!! Ich kann es mit den ganzen alten Gurken hier aber locker aufnehmen!"

Mia und Maxi hatten sich immer noch nicht daran gewöhnt, dass ihr Ball vor allen anderen plötzlich drauf los quasselt. Einen Moment lang stockte ihnen wieder der Atem. Aber natürlich hatte keiner etwas gehört.

„Ha ...! Es kommt nicht auf das Äußere an! Jeder ist gut so, wie er ist! Und ich besonders!", setzte ich noch nach.

Manchmal ist der Ball schon sehr selbstbewusst, dachte Mia. Aber das ist auch gut so. Er hat ja schließlich auch recht. Wie oft beurteilen wir die Dinge danach, ob sie neu sind. Und perfekt aussehen. Darum geht es aber gar nicht. Sondern tatsächlich darum, ob man o. k. ist oder nicht!

Die anderen Teamkameraden, die sich beim Training jetzt um den Trainer gestellt hatten, schauten ebenfalls etwas skeptisch. Das war so noch nie vorgekommen, dass jemand seinen eigenen Ball zum Training mitgebracht hatte.

„Also denn, mir ist es egal", sagte der Trainer. „Auch wenn euer Ball so aussieht, als wenn ihm gleich die Luft ausgeht." Alle lachten. Auch Mia und Maxi. Sie wussten ja, das würde nie geschehen.

Heute war Torschusstraining angesagt. Für Mia als Torfrau eine besondere Herausforderung. Schuss um Schuss würde es gleich auf ihr Tor hageln. Und sie würde versuchen, alles zu halten. Ihr großes Vorbild bei den Torfrauen war Nadine Angerer. Die spielte jahrelang für die deutsche Fußballnationalmannschaft der Frauen. War Europa- und Weltmeisterin und auch Weltfußballerin. Mehr kann man nicht erreichen. Ein Autogramm von ihr hatte Mia über ihrem Bett hängen. Und die Erfolge von Nadine Angerer waren für sie ein Ansporn, immer besser zu werden. Und auch wenn es nicht für das deutsche Nationalteam reichen sollte: Sie wusste, wenn man spielt, muss man alles geben. Und sich nach allen Bällen strecken, auch wenn es wehtut.

Mia streckte sich dann auch, mehr als ihr lieb war. Aber sie hatte anfangs wenig Glück. Der Trainer ließ von der Mittellinie anlaufen, wurde dann angespielt und ließ den Ball abtropfen. Vom Sechzehnmeterraum wurde dann abgezogen. Die ersten zehn Bälle landeten alle neben dem Tor. Da hatte Mia schon die Vermutung, dass es für sie ein ruhiger Trainingsnachmittag werden würde. Aber die nächsten zehn trafen alle ins Tor. Und Mia konnte sich strecken, wie sie wollte. Sie bekam nicht einen Finger an den Ball.

Währenddessen hatte sich Maxi mit dem Ball ein bisschen vertraut gemacht. Zum Warmmachen dribbelte er ein wenig auf dem Platz. Aber der Ball war nicht zufrieden.

„Was ist das denn?", sagte ich zu Maxi. „Führe mich enger! Wenn du mich näher am Fuß behältst, kannst du mich besser kontrollieren. Also los, halte Kontakt zu mir!"

Maxi versuchte sofort, den Tipp umzusetzen. Und je mehr er sich konzentrierte, desto besser wurde es.

„Besser so", rief ich. „Wenn du so weitermachst, dribbelst du bald wie Franck Ribéry. Dann kann dich keiner mehr stoppen!" Das alles machte Maxi einen Riesenspaß. Der Ball war sein Trainer und keiner bekam es mit.

Aber Maxi sah auch, dass Mia im Tor heute nicht glücklich war. Deshalb hielt er kurz an und beugte sich zu seinen Schuhen. Er tat so, als ob er sich die Schuhe binden wollte, und flüsterte mir zu:

„Können wir jetzt nicht mal schie-ßen? Es sieht so aus, als ob Mia auch einen Tipp von dir gebrau-chen könnte!"

„Okay", erwiderte ich. „Aber du achtest darauf, dass dein Oberkörper über mir bleibt. Schieße mit dem Vollspann und schau dorthin, wohin du schießen willst. Den Rest mache ich!"

Und schon war Maxi an der Reihe. Er lief an, spielte zum Trainer an der Strafraumgrenze. Der passte zurück. Maxi dachte an die Tipps von mir und schoss mich mit dem vollen Spann. Was ist das für ein schönes Gefühl, dachte ich noch. ICH rauschte mit einem „Juchuu" los, flog an Mia mit einem „Sorry" vorbei und zappelte kurze Zeit später im Netz. Maxi freute sich. So hatte er noch nie geschossen. Und auch gegen seine Schwester noch nie so ein tolles Tor erzielt.

„Gut gemacht, Maxi", rief der Trainer ihm zu. „Es sieht so aus, als ob du und dein Ball euch gut versteht!"

Bingo, dachte Maxi. Wie recht er hatte!

Mia hatte den Ball mit seinem „Sorry" noch gehört, als er an ihr vorbei ins Netz rauschte. Sie hatte natürlich versucht, an ihn heranzukommen, aber er war einfach zu schnell und platziert geschossen. Kaum dass sie sich auf dem Boden liegend zu ihm umdrehte, versuchte ICH sie zu trösten.

„Den hätte selbst Manuel Neuer in Bestform nicht gehalten", sagte ich. „Aber ich habe gesehen, dass du vieles richtig gemacht hast."

Mia nahm mich aus dem Netz.

„Du musst mir einen kleinen Schritt entgegengehen, wenn ich den Fuß verlasse. Und dir genau den Fuß ansehen. Dann kannst du erkennen, wohin ich fliege. Es ist alles eine Sache der Erfahrung. Gleich komme ich noch mal!"

Mia atmete tief durch. Die Tipps fand sie hilfreich, aber sie wollte es natürlich auch gut machen. Und das ist bei einer Torfrau nur möglich, wenn sie den Ball hält. Alles andere zählt beim Fußball eben nicht.

Bei den nächsten Schüssen aufs Tor versuchte sie an die Tipps des Balls zu denken. Und plötzlich lief es besser. Ein Schritt nach vorne verkürzte den Abstand zum Ball und sie hielt jetzt schon ein paar Bälle mehr.

„Jetzt kommt der letzte Schuss für heute", rief der Trainer plötzlich. „Dann ist Schluss mit dem Training. Maxi, du bist an der Reihe!"

Das war der Showdown.

Maxi stand an der Mittellinie bereit. ICH klebte an seinem Fuß. Er wartete auf das Zeichen des Trainers. Jetzt noch einmal so ein toller Schuss, dachte er. Dann hätte sich das Training mit dem neuen Freund wirklich gelohnt.

Mia hüpfte ein paarmal auf und ab, spuckte in die Hände und ging fangbereit in die Knie. Sie wartete darauf, dass ihr Bruder anlief und schoss. Na warte, dachte Mia im Tor. Den Ball werde ich mir holen.

Der Trainer gab das Zeichen für den Schuss und das große Geschwisterduell. Maxi legte sich den Ball vor und dribbelte dann eng am Fuß. Er spielte den Trainer an, der den Ball mit der Seite an die Strafraumlinie passte. Maxi schoss sofort. ICH flog wie an einer Schnur gezogen in Richtung Torwinkel. ICH war schnell. Aber Mia war noch schneller. Sie machte einen Schritt in die Torecke, sprang ab, streckte sich und drehte mich mit den Fingerspitzen um den Pfosten.

Mia und Maxi hörten, wie ICH noch jubelte und in Richtung Waldstück flog. Wie das dann weiterging, erzähle ich euch in der nächsten Geschichte.

Der falsche Ball

Alle, die diese perfekte Szene beim Training gesehen hatten, waren ganz aus dem Häuschen. Die meisten kamen, um zu gratulieren. Was für ein tolles Training für die Geschwister! Die zwei wollten mich gerade suchen, da kam ihnen „Weste" zuvor.

„Zieht ihr euch schon mal um", sagte er. „Ich hole ihn, euren Ball, und tue ihn dann in eure Tasche!"

Maxi war begeistert, rief laut „Danke" und machte sich mit Mia auf den Weg in die Kabine.

So sahen sie nicht mehr, dass „Weste" zwar ihren Ball aus dem Wald holte, aber einen anderen Ball in ihre Tasche tat, der ihrem Ball sehr ähnlich war.

„Irgendetwas ist dran an diesem Ball", flüsterte er. „Aber ich weiß noch nicht genau, was. Doch das kriege ich noch heraus!"

Er legte mich zu den anderen Bällen in einen Schrank. Wenn die Kinder weg sind, hole ich ihn mir wieder, dachte er. Wäre doch gelacht, wenn ich nicht auch so einen tollen Schuss hinbekomme.

Maxi und Mia schnappten sich ihre Sporttasche. Wie immer in den letzten Tagen legte Maxi sein Ronaldo-Trikot auf den Ball in der Tasche. „Du warst super!", sagte Maxi. Aber der Ball antwortete nicht.

„Ich glaube, unser Ball macht mal wieder sein Nickerchen", sagte Mia. „Er musste ja schließlich mit uns ganz schön hart arbeiten."

„Ja, und gleich schnarcht er wieder", lachte Maxi. Und schon liefen sie zur Straßenbahn.

Zu Hause angekommen, strahlten sie vor Glück. Das merkten auch ihre Eltern.

„Na, was habt ihr denn erlebt?", fragte ihr Vater. „Hat einer von euch den leibhaftigen Ibrahimović gesehen?"

Die Mutter lachte. „Vielleicht hat ihnen ja auch jemand eine Woche schulfrei geschenkt." Sie blickte ihren Mann an und kniff ein Auge zu.

Der erwiderte: „Ich glaube eher, sie haben beim Preisausschreiben eine Woche Zimmeraufräumverbot gewonnen!"

„Das wäre schön", seufzte Mia. „Der Hauptpreis! Aber es war kein Superstar, den wir getroffen haben."

„Wir sind nämlich die Superstars", rief Maxi. „Ich habe heute bei Mia einen super Schuss versenkt."

„Und ich einen unhaltbaren um den Pfosten gelenkt", klatschte Mia und machte die Bewegung nach.

„Na, dann seid ihr jetzt richtig wach. Der Müll muss noch runtergebracht werden", lachte der Vater.

Schreiend rannten beide weg. „Morgen", riefen sie und liefen in Mias Zimmer.

Der Ball landete wie immer auf dem Bett. Alles wie immer. Nur Bella war heute wirklich komisch. Sie knurrte den Ball diesmal nicht an. Sie wedelte mit dem Schwanz und bellte. Das bedeutete, dass sie spielen wollte. Mit dem Ball, der ihr sonst komisch vorkam? Den sie anknurrte?

„Aufwachen, Ball, es ist Zeit für Körperpflege", sagte Mia.

Der Ball hatte einen kleinen Tick. Das hatten sie inzwischen gemerkt. Er wollte nie schmutzig unter seinem Schrank schlafen. Deshalb wurde er mit einem nassen Lappen meist noch liebevoll abgerieben. Der Ball grunzte dann, als ob es ihn kitzelte.

Aber der Ball reagierte nicht. Gar nicht.

Mia und Maxi waren erstaunt. Denn wenn einer sonst sofort nach dem Aufwachen reden konnte, dann war er es. Der Ball aber war wie ausgewechselt. Er war ganz einfach nicht ... ER selbst!

„Ich mache mir echt Sorgen!", sagte Mia. „Ich kann mir nicht vorstellen, dass der Ball plötzlich ein Schweigegelübde abgelegt hat."

„Vielleicht ist er ja im Wald auf einen Stein gefallen und jetzt bewusstlos!" Maxi war echt erschrocken. „Was ist, wenn er krank ist?"

Mia ging langsam hin und stupste mit der Hand gegen den Ball. Sie nahm ihn und tickte ihn auf. Nichts! Keine Reaktion. Plötzlich schrie sie auf.

„Wir Idioten, das ist nicht unser Ball!" Sie hielt ihn Maxi hin.

„Aber er sieht doch so aus", sagte Maxi leise.

„Nein, stimmt nicht." Mia zeigte auf ein Emblem. „Unser Ball ist nicht vom Verein. Der hatte keinen Vereinsnahmen aufgedruckt!"

„Wir haben den falschen Ball mitgenommen!" Maxi hatte Tränen in den Augen. „Und haben es nicht gemerkt!"

„Nein, Maxi!" Mia überlegte. „Wir haben das nicht getan. „Weste" hat uns den falschen Ball in die Tasche getan."

„Du meinst ... „Weste" hat unseren Ball entführt?", fragte Maxi. „Der immer erzählt, dass er auch mal fast Nationalspieler geworden wäre?"

„Warum er das getan hat, weiß ich auch nicht, aber es muss „Weste" gewesen sein. Los komm, wir holen uns den Ball wieder!"

Mia und Maxi liefen so schnell es ging zum Fahrstuhl und wollen sofort hinunter.

„Wo wollt ihr hin?", hatte ihr Vater Ron noch gefragt, als die beiden an ihm vorbeizischten.

„Notfall, Papa", riefen beide. „Wir sind gleich wieder da!" Unten angekommen, schwangen sie sich auf ihre Fahrräder und rasten los.

Der Trainingsplatz war inzwischen leer. Alle Kinder waren nach Hause gegangen. „Weste" hatte den Platz aufgeräumt. Er freute sich darauf, den Ball auszuprobieren. Denn das war „Westes" Traum. Einmal so gut Fußball zu spielen wie die Kinder beim Training.

Er erzählte gern von seiner eigenen Vergangenheit als Spieler. Aber er flunkerte dann meistens. Denn er hatte nie in einer Auswahl gespielt. Und schon gar nicht wäre er fast Nationalspieler geworden. Aber der Ball, mit dem Maxi und Mia so prima gespielt hatten: Mit dem könnte es klappen, dachte er. Dann würde jeder sehen, dass er auch Fußball spielen konnte.

ICH lag immer noch im Schrank. Eingequetscht zwischen meinen Kollegen.

Ganz schön eng, dachte ich, als „Weste" mich in den Schrank gelegt hatte. Und vor allem: Was will er mit mir?

„Hallo!!!", rief ich daher laut. „Ist da jemand?" Ich bin ein einsamer Ball und will wieder aufs Spielfeld!"

Dennoch lachte ich und wartete. Ich war mir ja sicher, dass meine beiden neuen Freunde kommen würden, um mich zu holen. Auch ich hatte mich an Mia und Maxi ge-wöhnt. Und sie waren sehr lernwillig. Schon ein paar Tipps hatten gereicht, um alle in Staunen zu versetzen. Wenn die wüssten, was ich für ein Genie bin. :-)

Plötzlich schloss jemand den Schrank auf. Langsam und quietschend ging die Tür auf. Na also, dachte ich. Kaum denkt man an die beiden, sind sie auch schon da! Aber es waren nicht Mia und Maxi, es war „Weste".

„Wo bist du denn, mein kleines Goldstück?" Er schaute sich suchend um. „Ach, da bist du ja!" Er nahm mich aus dem Schrank.

„Dann wollen wir doch mal sehen, ob ich mit dir auch so gut spielen kann wie die beiden Kinder", sagte „Weste". „Wer weiß, vielleicht spiele ich ja dann demnächst doch mal in der Bundesliga!"

Viel zu alt für die Bundesliga!, dachte ich. „Und außerdem wirst du schon sehen, was es heißt, mich zu stehlen."

„Weste" warf mich auf den Platz. Er legte mich an die Straf-raumgrenze. Dann sah er sich um. Kein Mensch war zu sehen.

„So, jetzt zählt es", sagte er zu sich selbst. Er stellte sich eine letzte und entscheidende Spielszene vor. „Weste" war natürlich der Hauptdarsteller als letzter Schütze in der 94. Minute. In seiner Fantasie. „‚Weste' läuft an. Das Spiel ist eigentlich schon beendet. Nur dieser Freistoß noch, dann pfeift der Schiedsrichter ab. Eiskalt visiert er den Torwart an. Und schießt!", stellte er sich vor.

„Weste" traf mich tatsächlich ganz ordentlich. Aber ICH dachte gar nicht daran, so zu fliegen, wie „Weste" es erwartete. Ich drehte mich im Flug und flog in Richtung Eckfahne. Exakt in diesem Moment kamen Mia und Maxi mit ihren Fahrrädern auf den Platz gefahren. Das hatte ich natürlich gesehen.

„Wird auch langsam Zeit", rief ich den beiden Kindern zu. Und flog direkt auf den Fuß von Maxi. Dort blieb ich liegen.

„So ein Mist", rief „Weste". „Konnte euer Ball nicht einmal auch bei mir so gut fliegen wie bei euch?"

Er kam auf Mia und Maxi zu. Die beiden waren gespannt, was nun passierte. „Weste" war eigentlich ein netter Kerl.

„Warum hast du unseren Ball entführt?", traute sich Mia zu fragen.

„Es tut mir leid", sagte „Weste". Ich habe euch heute mit dem Ball spielen sehen. Ihr hattet so viel Freude mit ihm und habt so toll geschossen, gedribbelt und gehalten. Da habe ich gedacht, es könnte bei mir auch funktionieren. Aber anscheinend muss man es auch können. Und ich kann es einfach nicht!"

„Weste" sah traurig aus. Eigentlich waren die Geschwister sauer. Aber Mia und Maxi spürten, das „Weste" eigentlich nichts Böses wollte.

„Das war nicht fair", sagte Maxi. „das ist nämlich unser Ball."

„Und das können Bälle spüren!", ergänzte Mia.

„Wie meint ihr das?", fragte „Weste".

„Ungefähr so wie bei Pflanzen, mit denen man spricht, damit sie besser wachsen", sagte Mia.

„Da muss man dran glauben!", sagte Maxi eindringlich.

Beide mussten lachen. Und auch „Weste" lachte.

„Sorry, das ist mir zu hoch! Aber ich hoffe, ihr verzeiht mir. Wird auch nicht wieder vorkommen. Und ich werde ab jetzt jedem erzählen, dass man mit Bällen reden kann."

„Jetzt hat er es endlich kapiert!", mischte ich mich nun ein.

„Okay, sagte Mia. „Wir erzählen die Geschichte auch nicht weiter. Unter einer Bedingung!"

„Und die wäre?", fragte „Weste".

„Dass Maxi und ich am Sonntag nach dem Spiel eine Extrawurst bekommen. Auf Deine Kosten natürlich."

„Deal", antwortete er.

Und die drei besiegelten den Deal, indem sie die Hände auf den Ball legten. Ich musste natürlich schmunzeln und war froh über den Ausgang dieser Geschichte. Doch ich erinnerte mich bereits an eine weitere, sehr viel schlimmere Entführung von einem meiner Kollegen. Die wollte ich den Kindern unbedingt noch vor dem Schlafengehen erzählen. So fuhren Maxi und Mia mit mir nun endlich nach Hause.

Entführte Bälle

Am Abend lag ICH, der „entführte Ball", wieder auf dem Bett. Natürlich frisch abgeputzt. Diesmal bei Maxi. Die Geschwister saßen gespannt davor. Immer noch froh, dass ICH wieder bei ihnen war. Sie mussten allerdings wieder Bella aussperren. Denn die Hündin hatte schon wieder angefangen, mich anzuknurren. Wer weiß, dachten die beiden, vielleicht ist Bella ja auch eifersüchtig. Denn lange hatte sie natürlich die erste Geige bei den Kindern gespielt.

Aber jetzt war sie etwas abgemeldet. Mia und Maxi hatten nur noch Augen für mich. :-)

„Ich habe mir ziemlich große Sorgen um dich gemacht", sagte Maxi zu mir. „Ach, wisst ihr", antwortete ich, „das war nicht die erste Ballentführung. Wir Bälle werden doch andauernd geklaut. Besonders wenn wir wertvoll sind. Oder den Besitzern besonders viel bedeuten."

„Dann erzähl uns doch bitte noch etwas über Bälle, die gestohlen wurden", quengelte Mia.

„Au ja, kennst du welche?", fragte auch Maxi.

Sie hatten ja gerade selbst eine kleine Entführung erlebt und waren jetzt gespannt, ob ICH von ähnlichen Dingen gehört hatte.

„Ja klar", begann ich zu erzählen. „Ihr wisst doch sicher, dass Deutschland 1974 Weltmeister geworden ist. 2:1 gegen die Niederlande. Den Endspielball aber hat sich irgendwer von den Verlierern geschnappt. Doch keiner weiß, wer es war! Und auch nicht, wo sich der Ball jetzt befindet!"

„Vielleicht aus Rache dafür, dass das Endspiel verloren wurde?", fragte Mia.

„Könnte sein", fuhr ich fort. „Damals gab es ja auch nicht so viele Bälle wie heute bei einem Spiel. Nur einen Spielball und einen Ersatzball. Mehr nicht. Und übrigens hat auch ein deutscher Spieler schon mal einen Ball mitgehen lassen. 1966 stand Deutschland im Endspiel gegen England und verlor 2:3.

Da hat sich Helmut Haller den Ball geschnappt. Er hat ihn aber ein paar Jahre später zurückgegeben. Und was glaubt ihr, wie viele Bälle von Zuschauern geklaut werden. Da verschwinden Kollegen von mir teilweise auf ewig. Und tauchen dann plötzlich wieder auf!"

„Wie geht das denn?", fragte Maxi.

„Alles eine Frage des Geldes", antwortete ich. „Bei der Europameisterschaft 2004 verschoss David Beckham im Viertelfinale einen Elfmeter. Vermutlich hat er den Ball vorher geärgert. Denn er schoss meilenweit über das Tor drüber weg. Und so kam es, dass ein Zuschauer den Ball auf der Tribüne gefangen hat. Und der hat ihn dann später im Internet versteigert. 28.000 Euro hat jemand dafür bezahlt."

„So viel Geld für einen Ball? Das ist ja der Hammer!!", staunte Mia.

„Ja", sagte ich, „dann passt mal gut auf mich auf. Sonst müsst ihr mich demnächst dann im Internet zurückkaufen."

Mia und Maxi lachten.

„Da sind wir ja froh, dass „Weste" nur mit dir spielen und dich nicht verkaufen wollte", erwiderte Mia.

„Und ich wäre ziemlich teuer, das könnt ihr mir glauben!"

ICH gähnte. Und die Kinder auch. Eines war allen klar. Das war nicht der letzte aufregende Tag. Sie fielen in einen tiefen Schlaf. Und träumten. Von Entführungen mit Happy End! :-)

Ball des Jahres

Ich habe es natürlich Mia und Maxi nicht so richtig gesagt, aber die Entführung war für mich doch schon ganz schön aufregend. So ein Ball wie ich ist ja auch nur ein Mensch! Ich tue manchmal so wie eine coole Socke. Aber nicht immer bin ich das auch. Hinter meinem spröden Leder versteckt sich nämlich ein weicher Kern. Ich bin so weich wie die Luft, die ich zum Aufpumpen brauche. Ach, da fällt mir ein: Habe ich euch zu Hause schon erzählt, dass ich einmal so richtig doll nervös war. Ich hätte platzen können vor Aufregung. Und ihr könnt euch vorstellen, dass dies für einen Ball nicht unbedingt das Beste ist. Ich kann mich noch genau daran erinnern. Es war in der Schweiz. Da war ich eine Zeit lang auf einer Alm zu Hause. Hoch über einem See. Von dort hatte man vielleicht eine Aussicht! Aber für die Kinder, die mich zum Spielen benutzten, war das nicht so schön. Der Fußballplatz war nämlich ziemlich schief. Die einen mussten immer bergauf spielen, die anderen bergab. Ihr könnt euch sicher vorstellen, dass die Kinder nach einer Weile total im Eimer waren. Und ich erst! Bei einem festen Schuss rollte ich mit Lichtgeschwindigkeit den Berg runter. Damit die Kinder mich überhaupt wiederfanden, ließ ich mich oft gegen einen Baum prallen. Und wie ein Bumerang kam ich dann wieder zurück. Manchmal hatte ich so viel Schwung, dass ich direkt vom Baum ins Tor flog. Dann war der Jubel groß.

An meinem besonderen Tag aber war nichts los. Ich ließ mein Leder in der Sonne trocknen und genoss den Geruch von frischem Gras. Gut, dass ich keine Kuh bin, sonst hätte ich glatt eine Portion gefuttert. Und als ich so in die Sonne blinzelte, kam plötzlich im hohen Bogen ein Ball geflogen.

Ich musste ein bisschen zur Seite rollen, sonst hätte er mich glatt getroffen. Er plumpste vom Himmel, tickte neben mir auf und schaute mich an. „Hallo Ball", sagte er zu mir, „bist du ICH.BALL?" Er rollte ein Stück näher und schaute mich an. Er sah wirklich gut aus. Feinstes Leder und ganz gelb.

„Ja, das bin ich", antwortete ich grinsend, „als Du eben angeflogen kamst, habe ich zuerst gedacht, die Sonne fällt vom Himmel."

„Tut mir leid, aber es musste schnell gehen", sagte der Ball in Gelb. „Ich bin nämlich ein Postball und überbringe gute Nachrichten! Du bist nominiert für die Wahl zum Ball des Jahres!"

Da war ich platt. Natürlich nur so ein Spruch. Klar war ich plötzlich vollgepumpt mit Vorfreude. Denn der Ball des Jahres wird wie der Fußballer des Jahres einmal im Jahr gekürt. Und nominiert wird man nur, wenn man wirklich gut war. Aber ich war schon ein wenig überrascht. Denn als Ball spiele ich nicht unbedingt immer in der ersten Liga. Manchmal liege ich auch schon mal ein paar Tage im Netz oder Schrank.

„Warum gerade ich?", fragte ich den Postball verwundert, aber auch voller Stolz.

„Das kann ich dir nicht sagen, ich überbringe nur die Nachrichten der VeBD, der Vereinigung der Bälle Europas! Und jetzt schnell, wir dürfen keine Zeit verlieren. Sonst fängt die Verleihung ohne dich an!"

Das ließ ich mir nicht zweimal sagen. In einem Höllentempo ließen wir uns den Berg hinunterrollen. Ich kann euch sagen, in der Schweiz sind die Berge ziemlich steil. Wir hüpften, prallten, sprangen und schossen dem Tal entgegen. Immer in Richtung des Lago di Ballo, ein tiefblauer See, der seinen Namen erhielt, weil er völlig rund ist (dass die Bälle eigentlich nicht rund sind, wisst ihr ja inzwischen). Am Rande des Lago di Ballo gab es einen kleinen Fußballplatz. Dort angekommen, verließ mich der Postball.

„Ich muss noch mehr Nachrichten überbringen", sagte er und rollte schon in eine neue Richtung. „Du gehst durch das kleine Fußballtor. Dann bringt dich ein Aufzug in den Ballsaal!"

Ich rollte also durch das Tor am See, es wurde kurz dunkel. Und schwupp, landete ich in einem fein dekorierten Saal. Überall rollten Bälle hin und her, die kleine Häppchen und Getränke verteilten. Mit einem Blick hatte ich erkannt, dass die berühmtesten Bälle Europas auch da waren. Sogar der Ballon d'Or war anwesend. Ihr wisst schon, der Goldene Ball, der als Trophäe jedes Jahr dem besten Fußballer Europas verliehen wird. Alle hatten sich fürchterlich schick gemacht. Eingefettet, das beste Leder angezogen und sich glänzend poliert. Ich hingegen sah aus wie ein Ball vom Hinterhof. Gerade war ich noch den Berg hinuntergesaust und hatte nicht nur einmal eine Pfütze dabei gestreift. Ihr könnt mir glauben, inmitten so vieler Endspielbälle kam ich mir klein und unwichtig vor.

Plötzlich ging das Licht auf der Bühne an. Im Scheinwerferkegel rollte ein Ball ans Mikrofon. Im Saal verstummte das Gemurmel. Jetzt wurde es ernst. Und ich war gespannt wie ein Tornetz vor dem Einschlag des Balls.

„Liebe Ball:innen, es ist mir eine große Ehre, heute den Ball des Jahres verkünden zu können."

Jetzt erkannte ich den Ballredner. Es war der Ball der Fußball-WM 2006 in Deutschland. Teamgeist. So hieß der Ball bei der WM in Deutschland. Und so war ja auch die deutsche Mannschaft bei den Fußballspielen. Ein Team! Und wurde WM-Dritter. Ich hörte weiter gespannt zu.

„In den letzten Jahren wurden hier bei dieser feierlichen

Gala Bälle ausgezeichnet, die besonders teuer oder besonders schön waren. Oder mit ihren Fußballern die spektakulärsten Tore erzielt hatten."

Der Ball machte eine kleine Pause. Man hätte einen Torwart durch die Luft fliegen hören können, so still waren alle im Raum.

„In diesem Jahr allerdings soll das anders sein. Denn Bälle sind nicht nur schön und teuer und können verrückte Sachen machen. Bälle können viel mehr."

Ich musste grinsen. Recht hatte der Teamgeist. Ich kann zum Beispiel super schlafen und faulenzen.

„Deshalb geht in diesem Jahr die Trophäe an den Ball mit den meisten Kontakten. An den, der in den meisten Ländern war. Und unabhängig von Hautfarbe, Geschlecht und Religion mit allen gespielt hat. Damit hat der Ball den Menschen gezeigt, dass sie auch zusammen und nicht nur gegeneinander spielen können. Der Gewinner ist: ICH.BALL!!!!!

Was glaubt ihr wohl, wie ich geschaut habe. Und natürlich die anderen erst. Denn mit mir hatte keiner gerechnet. Erst herrschte Schweigen im Saal, dann aber gab es tosenden Applaus. Ich musste auf die Bühne. Das macht man so. Man muss dann eine Dankesrede halten.

Mir schlotterten richtig die Ledernähte. Ich bekam den Pokal überreicht. Und alle warteten auf meine Rede.

„Liebe Bälle", sagte ich dann, „ich danke der Balljury für die Wahl. Aber besonders danke ich den Kindern, die mit mir gespielt haben. Die hoffentlich gelernt haben, dass gewinnen nicht alles ist im Leben."

Habe ich das wirklich gesagt? Ich konnte es gar nicht fassen. Aber es gab stürmischen Applaus und danach eine richtige Party mit Hüpfen, Springen und Tanzen. Das war toll. Am meisten aber freute ich mich darauf, wieder bei Kindern sein zu können. Und weil ich kein Angeber bin, habe ich diese Geschichte Mia und Maxi noch nicht erzählt. Also: Verratet mich bitte nicht. Und haltet dicht!!!

ICH.BALL auf dem Mond

„Klar", sagte ich zu Maxi und Mia. „Die nächste Geschichte werdet ihr mir vermutlich gar nicht glauben!" Die beiden lauschten gespannt. Ich begann zu erzählen:

Vor vielen Jahren, es muss Ende der 60er gewesen sein, sollte ich als erster Ball auf den Mond mitfliegen. Die NASA aus den USA wollte mein Spielverhalten im Raum testen. Hierzu musste mir aber ein Raumanzug gebaut werden. In meinem Inneren wurden Sensoren und eine nach allen Seiten drehbare Kamera eingebaut. So konnten die Wissenschaftler genau prüfen, wie ich mich im Weltraum verhielt und welche Aufnahmen die Kamera machen würde, wenn ich mich drehte und rollte.

Die Idee fand ich damals fantastisch, auch wenn ich ein wenig Angst bei dem Gedanken verspürte, mit den Jungs auf den Mond zu fliegen. Keiner wusste, ob wir jemals zurückkommen würden! Das war aber ja gerade das Spannende für mich. Nach dem Start mit der metergroßen Rakete ging es ganz schnell. Ich hatte einen Fensterplatz zugewiesen bekommen und konnte dadurch unseren wunderschönen Planeten Erde ganz deutlich sehen. Fast dachte ich, dass diese Erde meine Mutter ist. Irgendwie so rund und schön und einfach nur BALLIG. Ich fing an zu träumen und fiel in einen tiefen Schlaf.

Nach ein paar Tagen und Nächten war es dann so weit. ICH.BALL sollte der erste Ball auf dem Mond sein. Irgendwie feige von den Jungs, dachte ich noch, als die mich nach der Landung einfach zur Tür hinaus auf den Mond warfen. „Hihihi", das kitzelte ganz schön da oben. Das müsst ihr mir glauben. Für mich als Ball war das natürlich sehr angenehm. Ich knallte auch nicht auf den Boden, so wie hier auf der Erde. Nein – ich schwebte zu Boden. Das war ein klasse Gefühl. Daher gibt es auch keinen Ballabdruck im Staub des Mondes. Ich war einfach zu leicht! :-)

Nach einer Weile kam dann der erste Mensch zu mir herunter und schoss mich mit seinen festen Astronauten-Stiefeln einfach zurück auf die Erde. Ein langer und einsamer Flug durch den Kosmos war das – aber irgendwie auch schön. Ich hatte ja einen Schutzanzug an und wurde gemessen. Die Wissenschaftler der NASA hatten meine Flugbahn auch genau vorberechnet. Die NASA ist die Behörde in den USA, die die Raketen baut und den Weltraum erforscht. Das solltet ihr aber wissen!

„PLATSCH!" und „Juchhuuuuu!", schon landete ich wieder auf unserem Planeten Erde. Mitten im Ozean. Genau so, wie es die Wissenschaftler der NASA vorher berechnet hatten. Na ja. Etwas verspätet war ich schon. Das lag aber an der Schusstechnik des Astronauten da oben.

Die Menschheit hatte schon auf mich gewartet und alle Fernseh-, und Radiosender übertrugen meine Landung live.

Hiernach musste ich erst mal in Quarantäne. Das macht man so, damit Mensch und Ball nicht irgendwelche Keime oder Bakterien aus dem All mitbringen! Dann wurde es spannend.

Mia und Maxi waren ganz leise geworden, während ich weitererzählte:

Wie ich zum besten Schiedsrichter der Welt wurde

Nach einigen Tagen in Quarantäne, Gott sei Dank hatte ich keine Krankheit mitgebracht, öffneten mich die Wissenschaftler der NASA. Nun endlich konnten sie die Kamera und die Sensoren in und an mir auswerten. Darauf hatten sie schon lange gewartet und ICH auch! :-)

Die geheime Mission der NASA war ja damals, eine Technik in mich einzubauen, um den Sport insgesamt, aber vor allem den Fußballmoderator und die Schiedsrichter bei ihren Entscheidungen im Spiel mit mir und anderen Bällen zu entlasten. Und objektiv zu sein.

Tatsächlich hatten die Wissenschaftler eine Kamera in mich eingebaut, die sich an einem Gummiseil um 360 Grad drehen ließ und so meinen Flug genau nachzeichnen konnte. Überdies war ich mit Sensoren ausgestattet, die spüren und riechen konnten. Somit war der perfekte Schiedsrichter erfunden.

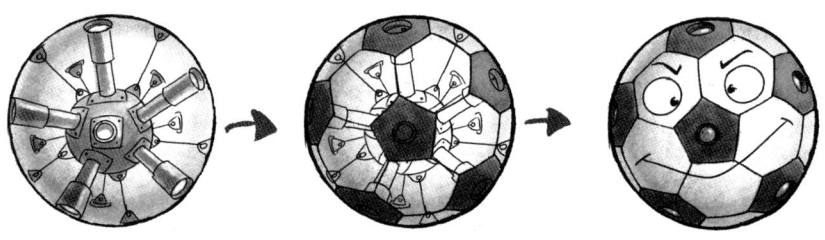

ICH.BALL konnte dann während eines Spiels genau zeigen und beweisen, wer mich bis wohin geschossen hatte und ob ich an einer Hand oder einem Fuß war oder über oder auf der Linie vom Tor oder der Auslinie war! Klasse oder? :-)

Leider aber hatte sich das Patent für diese Erfindung ein Belgier namens Paul van den Speulhof beim Patentamt eintragen lassen, der es bis heute nicht geschafft hat, einen Hersteller für diesen „Superschiedsrichter" zu finden. Es würde ja auch viel Geld kosten. Aber ich bin guter Dinge, dass ICH in Zukunft noch zum Einsatz komme. So lange muss man sich halt mit dem „Videobeweis" begnügen. Na ja. Gut Ding will Weile haben. Die Drohnentechnik ist ja inzwischen aus dieser Idee entstanden. Weiter geht's! Ich höre aber, dass das Silicon Valley bereits daran arbeitet, um diese Erfindung zu realisieren.

„Hahaha!", lachten Mia und Maxi in einem fort. Diese Geschichte hast du nun aber wirklich erfunden. „Nein, ihr Lieben!", sagte ich. „Genau so hat sich das abgespielt! Was viele nicht wissen. ICH.BALL habe seit damals immer einen kleinen Mondstein dabei. In mir drin! Als Beweis. Dafür müsstet ihr mich aber aufschneiden.

Nun sah ich in die erstaunten und schweigenden Gesichter der beiden Kinder. Na ja, vielleicht kann ich in Band zwei die ganze Geschichte ausführlicher berichten. Nun mussten Maxi und Mia erst einmal schlafen. Und ICH auch! :-)

Am nächsten Morgen, es war ein Samstag, wollte Mia sich mit Hanna treffen. Beide hatten eine Freikarte zum Pokalspiel der Frankfurter Frauenmannschaft bekommen. Die war zurzeit eine der besten Fußballmannschaften bei den deutschen Frauen. Das Pokalspiel wollten sie sich nicht entgehen lassen und fuhren mit der U-Bahn zum Brentano-Bad. Dort spielten die Frauen. ICH hatte mich heimlich in Mias Tasche geschmuggelt und wollte mit.

Hanna und Mia im Ballrausch

Die beiden Mädels hatten mich nicht bemerkt, als ich in ihre Tasche rollte. Mia und Hanna waren seit dem Kindergarten die besten Freundinnen und spielten mit ihren bald elf Jahren beide im Verein. Noch in gemischter D-Jugend. In der nächsten Saison wollten sie aber beide zu diesem Frankfurter Topverein wechseln. Eine Spielerinnenbeobachterin war schon bei einigen Spielen der beiden gewesen und hatte sowohl den Trainer als auch die Eltern auf einen eventuellen Wechsel des Vereins angesprochen. Da beide Mädels im Sommer ihren Geburtstag feiern würden, Mia am 28. August und Hanna am 12. Juli, hatten Ron und Sophia ihnen die Karten für das Spiel der Frankfurter Frauen besorgt. Auch mit dem Hinweis, dass sie den Fahrweg mit den öffentlichen Bussen und Bahnen selbst bewältigen müssten, sollten sie im Sommer dann wechseln.

Das Fahren mit Bus und Bahn war für die Mädels aber kein Problem. Frankfurt hatte ein sehr gut ausgebautes öffentliches Verkehrsnetz. „Haben wir denn noch genug Taschengeld für eine Pausenwurst und etwas zu trinken?", fragte Hanna. Mia holte ihre kleine Sporttasche und zog einen Zehn-Euro-Schein heraus.

Hanna hatte noch fünf Euro dabei. Zusammen also 15 Euro. „Das sollte genügen!", freute sich Hanna. „Ja", antwortete Mia freudig, „Der Eintritt ist ja frei!"

ICH war auch schon ganz nervös, musste aber leise bleiben. Beide sollten mich ja nicht entdecken. Noch nicht! :-)

„Hallo, ihr beiden", begrüßte sie die Jugendleiterin des neuen Vereins sodann sogar persönlich an der Kasse. „Wenn ihr einen Ball dabei habt, könnt ihr auf dem großen Übungsfeld etwas üben. Das Spiel geht ja erst in einer Stunde los!" Hanna und Mia klopfte das Herz. „Das ist aber eine tolle Überraschung!", stammelte Hanna. „Danke!" Beide schauten sich nun verdutzt an. Was nun?, fragten sich beide gleichzeitig. Einen Ball hatten sie ja nicht eingepackt.

Das war meine Chance: „Huhu!", flüsterte ich nun aus der Tasche zu Mia. „ICH bin hier!" Erstaunt schaute Mia in die Tasche und holte mich heraus. „Ja, gerne!", riefen beide nun der Frau zu. „Klasse, dass Du den Ball eingesteckt hast", sagte Hanna noch zu Mia. Die lächelte mich an. Wir kannten ja die Wahrheit, behielten aber unser kleines Geheimnis für uns. Ein kleiner Kuss von Mia auf mein Leder und schon ging es freudig auf den kleinen Übungsplatz für die Kinder.

Dort angekommen, sahen sie einige Mädels in allen Altersklassen von 10 bis 16 Jahren. Die schossen und dribbelten, was das Zeug hielt. „Oh mein Gott!", sagte Hanna angstvoll zu Mia. Hanna konnte ja nicht wissen, dass ich mit Mia sprechen kann, und ICH wollte beiden die Angst vor den älteren Mädchen nehmen. Die Übungsleiterinnen vor Ort begrüßten sodann die Mädels und erklärten freudig den Ablauf des „offenen Übungstrainings". Vorab sollte sich jedes Kind warm machen. Hiernach dehnen und anschließend würde man ein „Torschuss- und Torfrauentraining" absolvieren. Also wie auch schon im alten Verein. Aber welcher Unterschied: Großer Platz. Große Tore. Große Menge Zuschauer und vieles andere mehr. Es herrschte einfach eine tolle Stimmung.

Nun wurden die Altersklassen getrennt: Mia und Hanna blieben natürlich zusammen. „Nun gebt mal eure Bälle zu mir!", sagte die Trainerin sodann. Mia wusste nicht, was sie nun tun sollte. Sie wollte ja MICH nach dem Training wieder zurückhaben. „Sei ohne Sorge, liebe Mia. ICH komme stets zu dir zurück!", lachte ich ihr zu. Dann rollte ich zu der neuen

Trainerin ins Netz. Puh!, dachte ich noch. Wie viele junge Bälle! Ich musste lachen und freute mich auf das Training mit den Mädels.

Nachdem nun zwei gegen zwei trainiert wurde und alle schön warm und gedehnt waren, rief die Trainerin alle zum Mittelpunkt des Spielfeldes. Sie erklärte nun: „Ich bitte alle Schützinnen nun, sich in einer Rehe hintereinander aufzustellen. Sodann rolle ich der ersten Spielerin einen Ball zu. Der wird angenommen und eng am Fuß bis zum 16er geführt und dann abgezogen in Richtung Tor! Habt ihr das verstanden? Das kennt ihr doch schon von eurem Verein." „Oh ja!", freuten sich die Mädels und ICH auch.

„Das Ganze machen wir dreimal. Wer alle drei Schüsse ins Tor setzt, bekommt dann später alle Autogrammkarten von uns! Also strengt euch an!", lächelte die Trainerin allen zu. „Ach, das Gleiche gilt natürlich für die Torfrauen. Wer drei Schüsse hält, bekommt auch die Karten!"

Oh mein Gott!, dachte ICH bei mir. Nun brauchte ich einen Plan! Ich entschied mich dafür, nur von Hanna geschossen zu werden, wenn Mia nicht im Tor stand. Somit hatte Hanna eine gute Chance auf drei Treffer mit mir! Und andersherum auch, dachte ich und rollte mich heimlich zu Mia.

Sie war die Erste im Tor. Ich flüsterte ihr zu: „Du hältst mich oder stößt mich weg. Mit beiden Fäusten! Hast du mich verstanden?" Mia nickte. Sie schwitzte vor Aufregung. „Gib mal deinen Ball her!", rief nun die Trainerin zu Mia. Und genau das wollte ICH auch so.

Die Trainerin rollte mich nun zu einem fremden, ziemlich stark aussehenden Mädchen. Die stoppte mich geschickt und rannte los. Noch zwei Meter, dachte ich. Fetz und Bumm! Mit einem wuchtigen und sehr gut platzierten Schuss flog ICH nun in Richtung Tor. Mia hatte sich wie ein Kraken aufgerichtet. Gut, dass sie sich an meine Tipps erinnerte und einen Schritt nach vorn machte. So konnte ich ihr die linke Ecke, das war ihre bessere, anbieten. Halbhoch. Mia faustete mich um den Torfosten! „0:1 für Mia!", rief die Trainerin und notierte sich das auf einem Zettel.

Nun war aber schon Hanna mit dem Schießen dran und ich musste mir etwas einfallen lassen. „Wie sollte ich so schnell aus dem Aus zur Mittellinie kommen?" Da hatte Mia aber schon mitgedacht und mich flugs hinter dem Tor vorgeholt und mit einem guten Abschlag direkt in Hannas Arme zurückgeschossen. Gut so!, dachte ich. Nun rollte mich Hanna zur Trainerin. Diese lachte und sagte noch: „Könnt ihr nur mit eurem Ball spielen?" Dann schoss sie mich wieder zu Hanna und die rannte wie eine Wilde auf eine richtig große Torfrau zu. „Unten rechts!", schrie ich Hanna noch zu. Mit einem wunderbaren langen und deutlichen Schuss mit dem Innenriss schoss mich Hanna sodann an den Innenpfosten. Rechts. Von dort flog ich direkt ins Tor! So wie ich ihr geraten hatte.

„Große Tormenschen benötigen zum Strecken länger, bis sie auf dem Boden sind, als kleinere", erklärte ich nach dem Training den beiden Mädels.

Sie hatten beide, natürlich durch MICH, ihre Autogrammkarten gewonnen. Hanna schoss drei Tore mit mir. Mia hielt drei Schüsse von fremden Mädels bravourös.

Beide waren jetzt sehr glücklich und wurden dann auch mit Aufnahmeformularen und einem Vereins-Anschreiben an die Eltern zurückgeschickt. Nun konnten Sie noch das Pokalspiel anschauen, das die Frankfurter Frauen tatsächlich gewinnen konnten.

Es war ein wirklich freudiger und guter Tag gewesen und Mia, Hanna und ICH waren zufrieden. ICH konnte die beiden

Mädchen mal die echte „große Liga-Luft" schnuppern lassen und beide somit motivieren, weiterhin Fußball zu spielen. Das war ja meine Mission. Spielen und manchmal gewinnen. Manchmal verlieren. Ich dachte noch: Hoffentlich werden die beiden mal Profis!

Auf dem Weg nach Hause unterhielten sich beide über ihre Zukunft als Profispielerinnen und waren so  richtig im Ballrausch. Ich hielt mich zurück und machte mein wohlverdientes Nickerchen.

Überraschungen und Urlaubspläne

„Hast du die Erlaubnis von Junis Eltern?", fragte Ron seine Frau Sophia. Er hatte soeben mit Hannas Eltern telefoniert und diese um Erlaubnis gebeten, dass Hanna in den nächsten Sommerferien mit der ganzen Familie von Maxi und Mia nach Italien in den Urlaub mitfahren durfte. Die Eltern von Hanna waren damit einverstanden.

Wow, dachte ich, als ich das hörte. Ich sah mich schon in Bologna bei den Großeltern auf dem schönen Platz draußen, vor Omas Restaurant, rollen und die Sonne genießen. Was für ein Fest!, dachte ich.

„Du wirst lachen", antwortete Sophia. „Junis darf natürlich, als bester Freund von Maxi, auch mit zu meinen Eltern. Seine Eltern haben das auch erlaubt. Sie wollen aber den Flug selbst bezahlen", schob sie noch nach.

Mir war das wurscht mit den Flugkosten, dachte ICH noch. Entweder die Eltern nehmen mich im Gepäck mit oder ich lasse mich von einem Fußballer hin schießen. Fliegen kann ich ja nun wirklich alleine!

Beim gemeinsamen Abendessen, es gab Tagiatelle Bolognese und frischen Salat, sprach die Familie nun das erste Mal gemeinsam über die Urlaubspläne und die Überraschung. ICH lag unter dem Bett von Maxi und hörte einfach zu. Bella lag neben mir und schnarchte. Ich war gespannt.

„Ihr wisst ja, dass Opa im Juni seinen 66. Geburtstag feiert", sagte Sophia und meinte natürlich ihren Vater in Bologna.

Sie fuhr fort: „Wir sind also zum 66. Geburtstag von Opa eingeladen und dürfen sogar noch zwei Besucher mitbringen!" „Wisst ihr, wen wir mitnehmen?" Maxi und Mia schauten sich verdutzt an. „Unseren Ball und Bella?", fragten sie wie aus einem Mund.

Ron und Sophia mussten laut lachen. „Nein!", fuhr jetzt Ron fort. „Bella und euer Ball können sowieso mit!" Maxi und Mia hörten nun eine lautes „Juchhuuuu!" aus dem Kinderzimmer. Das war ICH! :-)

„Na, Junis und Hanna, die dürfen mitkommen!", sagte Ron dann zur Auflösung des Rätsels. Maxi und Mia standen spontan auf und umarmten ihre Eltern mit den Worten: „TOLL, wir haben euch superlieb! Das ist aber wirklich eine große Überraschung." „Danke schön!", bedankten sie sich glücklich und fragten: „Von wann bis wann ist das denn genau?"

„Na ja", antwortete nun Sophia: „Opa hat am 12. Juni Geburtstag und Hanna am 12. Juli. In dieser Zeit feiern wir dann zwei Geburtstage. Und spielen und essen und freuen uns des Lebens!"

Alle dachten nun nur noch an diesen Urlaub. Und jeder stellte sich vor, was er dort sofort am liebsten machen würde.

ICH hatte natürlich auch meine Pläne, von denen ich aber noch nichts verrate. Erst mal werde ich die Gelegenheit nutzen, mich der ganzen Familie noch mal vorzustellen. Ich provozierte Bella und rollte ihr auf die Pfoten. Sie gab mir einen Schubs. Ich rollte nun in den Essbereich, ohne etwas zu sagen!

Alle schauten mich an. Dann lachten sie.

Den Eltern war klar: Ohne diesen Ball würde der Urlaub nicht stattfinden. Und mir klar: ICH.BALL war endlich in der Familie angekommen und wollte auch so schnell nicht wieder weg von hier.

Zum guten Schuss – äh, Schluss möchte ich mich bei allen bedanken, die mir bei diesem Buch geholfen haben. Zuallererst und ausdrücklich bei meinen tollen Autorenfreunden Peter Großmann und Jola Bilko, die sich mit Sport und speziell mit Fußball wirklich sehr gut auskennen. Und dann bedanke ich mich bei dem supertollen und wilden Zeichner Jan Birck. Danke sage ich auch dem Verleger Harald Kiesel vom 360 Grad Verlag. Alle zusammen haben immer an mich geglaubt und aufgepasst, dass alles rund wird, wie das Verlagslogo. Und wie ICH.BALL.

Und vor allem bedanke ich mich bei meinem größten Fan, bei DIR! Ich freue mich, wenn du Spaß hattest beim Lesen. Falls das so war, dann kannst du mir auch gern schreiben. Schreib einfach eine E-Mail an: JOLABILKO@IchBall.de

Wenn du Fragen hast natürlich auch. Und schau auch gern auf meine Hompage: www.IchBall.de

Da siehst Du auch, ob ich auf meinen ICH.BALL-Reisen mal in deiner Nähe bin. Vielleicht treffen wir uns dann ja.

Ach ja, und wenn ich DICH in Bewegung gebracht habe und DU Spaß hast, mit mir beim Fußballspiel mit deinen Freunden, dann würde mich das ganz besonders freuen. Erkundige dich einfach, wo bei euch im Ort Fußball gespielt wird. Geh in einen Verein und trainiere. Hab Spaß beim Sport!

Machs gut.
Dein
ICH.BALL!

Die Autoren und der Illustrator

Peter Großmann ist seit 23 Jahren das Sportgesicht im ARD-Morgenmagazin. Neben seiner Tätigkeit als Moderator schrieb er bisher einige Sachbücher zum Thema Sport und mit den „Fortuna Girls" eine eigene Romanserie über eine Mädchen-Fußballmannschaft.

Jola Bilko war viele Jahre Fußballtrainer. Er lebt in Belgien und Deutschland und hat als studierter Sozialpädagoge u. a. auch mit behinderten Kindern gearbeitet. Jola Bilko hat eine Tochter und zwei Enkelkinder und ein Hündchen.

Jan Birck, geb. 1963 in München, ist Trickfilmkünstler, Cartoonist und sehr erfolgreicher Illustrator. Er lebt in München und hat zahlreiche Bestseller illustriert bzw. geschrieben, u.a. „Die wilden Fußballkerle", „Bestimmt wird alles gut", „Flätscher" und „Geheimagent Morris". www.jan-birck.de

Fußballabenteuer der *Wilden Kerle!*

Für die *Wilden Kerle* ist Fußball das Leben. Jetzt beginnt die neue Saison. Aber der Dicke Michi und seine *Unbesiegbaren Sieger* haben den Bolzplatz besetzt. Das kann nicht so bleiben.

Die *Wilden Kerle* fordern die haushoch überlegenen *Bayern* heraus. Doch werden die Fußballprofis sie überhaupt ernst nehmen? Und können die *Wilden Kerle* gewinnen?

Die Wilden Kerle (Bd. 1)
Leon, der Slalomdribbler
HC, 160 Seiten
€ 12,00 (D) / € 12,40 (A)
ISBN 978-3-96185-781-4

Die Wilden Kerle (Bd. 2)
Felix, der Wirbelwind
HC, 160 Seiten
€ 12,00 (D) / € 12,40 (A)
ISBN 978-3-96185-782-1

Vanessa möchte unbedingt bei den *Wilden Kerlen* mitspielen. Doch die wollen nicht mit einem Mädchen kicken. Klar, dass es Streit gibt. Wer wird siegen?

Riesenüberraschung für die *Wilden Kerle*: Ihr Bolzplatz ist jetzt ein richtiges Stadion mit Flutlichtanlage! Alle sind stolz, nur Juli nicht. Warum? Können sie ihm helfen?

Die Wilden Kerle (Bd. 3)
Vanessa, die Unerschrockene
HC, 128 Seiten
€ 12,00 (D) / € 12,40 (A)
ISBN 978-3-96185-783-8

Die Wilden Kerle (Bd. 4)
Juli, die Viererkette
HC, 155 Seiten
€ 12,00 (D) / € 12,40 (A)
ISBN 978-3-96185-784-5

Alle *DIE-WILDEN-KERLE*-Bücher sind von *Joachim Masannek* geschrieben und von *Jan Birck* komplett 4-farbig illustriert.

Noch mehr *WILDE-KERLE*-Bücher...

Deniz will bei den *Wilden Kerlen* mitspielen. Aber Fabi und Leon wollen das nicht. Ist damit das Ende der *Wilden Kerle* besiegelt oder siegt der Teamgeist und sie werden wieder eine richtige Mannschaft?

Raban denkt, er sei nicht gut genug für die *Wilden Kerle*. Willi rät ihm, das Fußball-Orakel zu befragen. Dann passiert etwas Unglaubliches ...

Die Wilden Kerle (Bd. 5)
Deniz, die Lokomotive
HC, 128 Seiten
€ 12,00 (D) / € 12,40 (A)
ISBN 978-3-96185-785-2

Die Wilden Kerle (Bd. 6)
Raban, der Held
HC, 128 Seiten
€ 12,00 (D) / € 12,40 (A)
ISBN 978-3-96185-786-9

DIE SENSATION! Der komplett neue Band 5 ¾ der Serie *DIE WILDEN KERLE*.

Juli hat noch ein ganz großes Geheimnis. Darum kehrt er heimlich zurück ins Land des Dicken Michis hinter den Graffiti-Burgen. Er tut das auch für seine Freunde. Denn er will für das Spiel der *Wilden Kerle* um die Meisterschaft den Joker gewinnen. Wird ihm das gelingen?

Die Wilden Kerle (Bd. 5 ¾)
JULI und der geheime JOKER
HC, 176 Seiten
€ 13,00 (D) / € 13,40 (A)
ISBN 978-3-96185-795-1

Alle *DIE-WILDEN-KERLE*-Bücher sind auch als E-Books erhältlich.